Katharina und Nikola Hild

Hohenzollern

Hohenzollern

Katharina und Nikola Hild

Verlagshaus Reutlingen · Oertel + Spörer

Die Deutsche Bibliothek – CIP-Einheitsaufnahme

Hild, Katharina:
Hohenzollern / Katharina und Nikola Hild. –
Reutlingen : Verl.-Haus Reutlingen Oertel und Spörer,
1998.
ISBN 3-88627-207-9

Postfach 16 42 · D-72706 Reutlingen

Schrift: 10/11 Garamond
Satz: typoscript GmbH, Kirchentellinsfurt
Reproduktionen: HIGH SCAN,
Reprotechnik Thayngen GmbH, Thayngen
Druck: Oertel + Spörer, Reutlingen
Einband: Heinrich Koch, Tübingen
Printed in Germany
ISBN 3-88627-207-9

Zum Geleit

Mein Ur-Urgroßvater, Kaiser Wilhelm II., soll einmal gesagt haben, die Burg Hohenzollern wäre wahrlich eine Reise wert. Die zahlreichen in- und ausländischen Gäste, die jedes Jahr den Stammsitz meiner Familie besuchen, bestätigen seine Aussage.

Obwohl ich im Norden Deutschlands aufgewachsen bin, habe ich die Burg seit meiner Kindheit häufig besucht. Und sie ist mir in all den Jahren sehr ans Herz gewachsen. Es ist mir daher eine Freude, den historisch interessierten Besuchern hiermit ein Werk präsentieren zu können, das sich umfassend mit der Geschichte unseres Familienstammsitzes beschäftigt.

Georg Friedrich
Prinz v. Preußen

Vorwort

Mauern, Türme, Zinnen, Wehranlagen... Wer sich heute auf der B 27 zwischen Tübingen und Balingen der Burg Hohenzollern nähert, glaubt eine mittelalterliche Ritterburg mit Bergfried, Folterkammer und Verlies zu erblicken.

Und genau diese Illusion wollte der Bauherr, der damalige preußische König Friedrich Wilhelm IV., hervorrufen. Er wollte die mittelalterliche Burgenromantik, so wie man sie im 19. Jahrhundert verstand, heraufbeschwören, während in London bereits die erste U-Bahn-Linie gebaut wurde.

In den Jahren nach der Einweihung der jetzigen Burg wurden die Schreibmaschine, das Unterseeboot, das Telefon und das Automobil erfunden.

Fast zeitgleich ließ König Ludwig II. von Bayern Neuschwanstein, Herrenchiemsee und Linderhof erbauen. Während die Industrialisierung enorme Fortschritte machte, ließ der Adel eine idealisierte Vergangenheit wieder aufleben, Ritterspiele wurden veranstaltet, Schlösser und Burgen „im echten Styl der alten deutschen Ritterburgen“ (Ludwig II.) rekonstruiert.

Im Unterschied zu den bayerischen Königsschlössern ist der heutige Hohenzollern jedoch keine reine Neuschöpfung, sondern wurde auf den Fundamenten des alten Familiensitzes im Stil und im Geist der Neugotik und des Historismus wieder errichtet. König Friedrich Wilhelm IV. wollte damit auch auf die Herkunft der preußischen Könige aus dem uralten Adelsgeschlecht der Hohenzollern hinweisen.

So hat er seiner Familie ein wunderschönes Denkmal gesetzt, ein Monument, das niemals als fester Wohnsitz gedacht war und auch niemals als solcher dienen sollte.

Nikola Hild März 1998

Inhaltsverzeichnis

I „Vom Fels zum Meer“ – Kleiner Überblick über die Geschichte des Hauses Hohenzollern

Die Devise des Königlichen Hausordens von Hohenzollern „Vom Fels zum Meer“ beschreibt kurz und treffend den Weg der schwäbischen Zollerngrafen vom „Fels“, dem Zollerberg, zum „Meer“, nach Brandenburg-Preußen.

Der Ursprung der Hohenzollern ist, wie bei vielen fürstlichen Familien, historisch nicht gesichert. Die Familie wurde 1061 zum ersten Mal urkundlich erwähnt und hat vermutlich schon damals auf dem Zollerberg gewohnt. Die gesicherte Stammreihe beginnt eine Generation später mit Graf Friedrich I. von Zollern, der den Beinamen „Maute“ erhielt.

Solche Beinamen waren im Mittelalter üblich, da die Nummerierung – wie wir sie heute kennen – erst später eingeführt wurde. Zudem war die Vorliebe der Zollerngrafen für den Namen Friedrich so groß, dass sie häufig gleich mehrere ihrer Söhne damit bedachten.

Auch sein Enkel trug diesen Namen, dem wir noch so oft begegnen werden. Diesem Enkel, Friedrich III., gelang es, 1192 durch Erbheirat mit der Burggrafschaft von Nürnberg belehnt zu werden. Von da an nannte er sich Burggraf Friedrich I. von Nürnberg.

Durch die Erbteilung seiner Söhne entstanden die bis heute wesentlichen Hauptlinien des Hauses Hohenzollern: sein ältester Sohn wurde Burggraf Konrad I. von Nürnberg und begründete damit die fränkisch-brandenburg-preußische Linie, sein jüngerer Sohn erbte die schwäbische Stammburg und wurde so zum Stammvater der schwäbischen Linie.

Die schwäbische Linie, deren derzeitiger Chef Fürst Friedrich Wilhelm von Hohenzollern ist, hat heute ihren Sitz in Sigmaringen. Hohenzollern-Haigerloch und Ho-

Das Adlertor in der 2. Hälfte des 19. Jahrhunderts.
The Eagle-Gateway in the second half of the 19th century.
La tour de l’aigle dans la deuxième moitié du 19ème siècle.

Königsadler und Inschrift über dem Adlertor: „Vom Fels zum Meer“.
Royal Eagle above the Eagle-Gateway.
Aigle royal et inscription «Du rocher à la mer» au dessus de la tour de l’aigle.

henzollern-Hechingen, die beiden anderen schwäbischen Zweige, sind 1634 und 1869 ausgestorben. Der letzte Fürst von Hohenzollern-Hechingen, Friedrich Wilhelm Constantin, verzichtete 1849 zugunsten Preußens auf sein Fürstentum. So fiel das katholische Hechingen – ebenso wie Sigmaringen – an das protestantische Preußen, was nicht von der ganzen Bevölkerung freudig begrüßt wurde.

„In jenen Tagen soll es auch gewesen sein, dass die Geistlichkeit die Weisung erhielt, die aufgeregten Leute bei gegebener Gelegenheit zu beruhigen und ihnen den Segen einer geordneten Verwaltung vor Augen zu führen.

Demgemäß bestieg ein hohenzollerischer Geistlicher des Sonntags die Kanzel und entledigte sich seines Auftrages wie folgt:

‚In Christo Geliebte – Ich werde heute zu Euch sprechen:

1. darüber, wie sehr wir uns freuen sollen, daß wir preußisch geworden sind, und
2. darüber, wie wir dies um unserer Sünden willen auch nicht besser verdient haben!‘“[1]

Wir kehren nun noch einmal zu Burggraf Friedrich I. von Nürnberg zurück. Auch er konnte seinen Besitz durch eine Erbheirat erweitern und legte damit den

Grundstock für die späteren fränkischen Fürstentümer der Hohenzollern, nämlich Ansbach und Bayreuth, die 1791 preußisch und 1810 bayerisch geworden sind.

Der erste Schritt auf dem Weg zum „Meer" gelang Burggraf Friedrich VI. von Nürnberg, der vom römischen König Sigismund 1415 mit der Kurwürde der Mark Brandenburg belehnt wurde. Die Kurfürstenwürde war ein hohes Amt im Heiligen Römischen Reich, denn die zur Zeit Friedrichs sieben Kurfürsten entschieden die Wahl des römischen Königs.

Allerdings musste sich der neue Kurfürst, nunmehr Kurfürst Friedrich I. von Brandenburg, – ebenso wie seine Nachfolger – die Herrschaft über die Mark Brandenburg erst gegen den aufmüpfigen Adel erkämpfen. Dabei soll von einem märkischen Adeligen angeblich gesagt worden sein: „Und wenn es ein Jahr lang Nürnberger regnete, so wollten sie ihre Schlösser doch wohl behalten."[2]

Noch war der Kurfürst weit vom Meer entfernt. Er besaß lediglich ein relativ kleines Gebiet, nur einen Bruchteil des späteren preußischen Königreiches, in dem Brandenburg einmal aufgehen sollte.

Erst durch die Reformation gelang den Hohenzollern tatsächlich der Schritt zum „Meer". Ein Urenkel des ersten brandenburgischen Kurfürsten, nämlich Markgraf Albrecht aus der fränkischen Linie, wurde 1511 zum Hochmeister des Deutschen Ordens gewählt. Bereits 1525 wechselte er zum neuen Glauben und wandelte das Ordensterritorium, das aus dem östlichen Teil Preußens bestand, in ein weltliches Herzogtum um, das zunächst allerdings noch unter polnischer Lehenshoheit stand. Dieses fiel 1618 an die brandenburgische Verwandtschaft, die 1539 zur evangelischen und 1613/14 zur reformierten Kirche übergetreten war.

Sechs Generationen nach Herzog Albrecht krönte sich Kurfürst Friedrich III. von Brandenburg am 18. Januar 1701 mit Billigung des Kaisers in Königsberg, dem ehemaligen Hochmeistersitz, zu König Friedrich I. in Preußen. Die ersten beiden preußischen Könige, Friedrich I. und Friedrich Wilhelm I., konnten nur „König in Preußen" sein, da sie nur den östlichen Teil des Landes besaßen. Erst Friedrich der Große nannte sich „König

Blick vom Adlertor auf die Burgmauer.
View from the Eagle-Gateway of the Castle's wall's.
Vue de la tour de l'aigle sur la muraille du château.

von Preußen", nachdem ihm 1772 auch der Westteil von Preußen zugefallen war.

Genau 170 Jahre nach der Krönung in Königsberg – der Termin war mit Bedacht gewählt worden – wurde König Wilhelm I. von Preußen in Versailles zum Deutschen Kaiser proklamiert. Er war der Bruder von Friedrich Wilhelm IV., dem wir später noch als dem Bauherren der jetzigen Zollerburg begegnen werden.

Bereits mit dem Enkel von Wilhelm I. endete das Deutsche Kaiser- und das preußische Königreich.

Wilhelm II. musste 1918 dem Thron entsagen und lebte bis zu seinem Tod im Jahr 1941 im holländischen Exil in Haus Doorn, das heute ein Museum ist.

Von seinem Enkel, Prinz Louis Ferdinand von Preußen, wird in diesem Buch noch häufig die Rede sein. Er war von 1951 bis 1994 der Chef des vormals regierenden Preußischen Königshauses.

Anmerkungen

1 Zit. nach „Preußen in Hohenzollern", S. 124.
2 Stribrny, S. 15.

II „Alleweg gut Zolre" – Zur Geschichte der Burg

1 Die erste Burg

Auf einem Wandgemälde in der Bibliothek der heutigen Burg Hohenzollern ist eine Legende dargestellt, die sich um die Entstehungsgeschichte der ersten Burg auf dem Zollerberg rankt. Auf diesem Gemälde sieht man Engel, die das Kirchlein Maria Zell ins Tal in die Nähe der Ortschaft Boll bei Hechingen tragen. Nach der Sage hat es sich einst auf dem Berg befunden, der zum Stammsitz der Hohenzollern werden sollte.

Ansonsten wissen wir nur wenig über die erste Burg auf dem „Zolre", die vermutlich im 11. Jahrhundert entstanden ist. Sicher ist nur, dass sie 1267 im Kopialbuch des Klosters Stetten erwähnt wurde.

Auch was das Aussehen dieser Burg anbetrifft, sind wir weitgehend auf Vermutungen angewiesen. Der schlesische Rittergutsbesitzer Rudolph von Stillfried, der sich im 19. Jahrhundert sehr um die Erforschung der hohenzollerischen Geschichte verdient gemacht hat, ging davon aus, dass sie wesentlich kleiner als die heutige Burg war und nur über wenig Wohnraum verfügte. Er kam zu dem Ergebnis, dass sie vermutlich von einer schützenden Ringmauer umgeben war, innerhalb der sich ein viereckiger Hauptturm und eine Kapelle befanden.

Wenngleich also über die Entstehungsgeschichte nur wenig bekannt ist, ist die Zerstörung der ersten Burg umso besser dokumentiert, wobei familiäre Auseinandersetzungen eine nicht unerhebliche Rolle spielten.

1401 starb Graf Friedrich XI. von Zollern. Drei seiner fünf Söhne – sie hießen übrigens alle Friedrich – wurden Geistliche. Die beiden ältesten, Friedrich (XII.), der Oettinger genannt, weil er am Hof des Grafen von Oettingen erzogen worden war, und Eitel Friedrich (I.) erbten den Besitz gemeinsam und sollten ihn nach dem letzten Willen des Vaters auch gemeinsam verwalten.

Das ging nicht lange gut. Bald kam es zwischen den beiden Brüdern zu Auseinandersetzungen, die sich häufig an Nichtigkeiten entzündeten und von Kurfürst Friedrich I. von Brandenburg 1418 nur vorübergehend geschlichtet werden konnten. Die Ursache dürfte in den extrem unterschiedlichen Charakteren der beiden Brüder gelegen haben.

Eitel Friedrich war eher ein ruhiger und besonnener Mensch, der Oettinger dagegen ein Hitzkopf und rücksichtsloser Draufgänger. Bald hatte er seinen Bruder vertrieben, enorme Schulden angehäuft, war zum Raubritter geworden und hatte sich mit aller Welt zerstritten.

Schließlich verhängte das Kaiserliche Hofgericht in Rottweil die Reichsacht über ihn und im Juni 1422 zogen 18 freie Reichsstädte, sein Bruder Eitel Friedrich und die Gräfin Henriette von Württemberg aus, um die Zollerburg zu belagern.

Bis heute konnte nicht mit Sicherheit geklärt werden, warum sich die Gräfin an dieser Auseinandersetzung beteiligt hat. Es wird berichtet, sie habe den Oettinger heiraten wollen, was man getrost in den Bereich der Legende verweisen darf.

Heute würde man sie als Machtpolitikerin bezeichnen. Sie war „eine Frau von männlichem Charakter"[1], die nach dem Tod ihres Mannes die Regentschaft für ihre unmündigen Söhne übernommen hatte. Sie dürfte eher ein Auge auf das zollerische Land als auf den Zollerngrafen geworfen haben.

Ein Chronist, ein Mönch aus dem Kloster Hirsau, berichtet von einem heftigen Wortgefecht zwischen Graf und Gräfin:

„‚Hat die ein so großes Loch, daß sie mich fressen kann?' (fragt Friedrich der Oettinger, d. Verf.), worauf die edle Fürstin sagt, da gehe sogar ganz Hohenzollern hinein."[2]

Die Belagerer befanden sich am Fuß des Zollerberges, der damals noch nicht bewaldet war. Sie beschossen die Burg mit schweren Steinen, die von mechanischen Wurfmaschinen geschleudert wurden, eine Belagerungstechnik, die sich seit der römischen Antike im Grunde nicht geändert hatte. Man traf damit zwar nur selten, da die Burg jedoch Tag und Nacht ohne Unterbrechung beschossen wurde, entstanden nach und nach doch beträchtliche Schäden.

Außerdem wurden auf beiden Seiten Geschütze eingesetzt, eine zu jener Zeit noch relativ neue Erfindung, die erst seit der zweiten Hälfte des 14. Jahrhunderts angewandt worden ist.

Während der ganzen zehn Monate, die die Belagerung dauern sollte, war der Belagerungsring nicht ständig undurchdringlich. Immer wieder gelang es, Lebensmittel auf die Burg und Nachrichten nach draußen zu bringen.

Der belagerte Graf Friedrich schrieb Briefe an seine Freunde, den Herzog von Lothringen und den Markgrafen von Baden, in denen er sie um Unterstützung bat.

Im Gegenzug verfügte der Kaiser auf Veranlassung der Reichsstädte ein Verbot an alle, dem Oettinger zu helfen. Friedrichs Freunde waren nun so eingeschüchtert, dass sie nicht mehr den Mut hatten, sich in irgendeiner Art und Weise für ihn einzusetzen.

Die Wintermonate brachten eine gewisse Beruhigung. Kampfhandlungen fanden nun keine mehr statt. Ein Großteil der Belagerer verbrachte die kalte Jahreszeit in den Städten. Nur wenige Männer blieben am Zollerberg zurück. Ihre Aufgabe bestand vor allem darin, die Eingeschlossenen daran zu hindern, sich mit neuen Nahrungsmitteln und zusätzlicher Verstärkung zu versorgen.

Friedrich der Oettinger nutzte die Gelegenheit zur Flucht, in der Hoffnung, doch noch Beistand für die bedrängte Burg finden zu können. Möglicherweise hat ihm seine Geliebte, eine junge Frau aus Mössingen, dazu verholfen. Die Ansichten der Historiker gehen in diesem Punkt auseinander. Wenige Tage später soll die Mössingerin bei dem Versuch, Waffen auf die belagerte Burg zu schmuggeln, festgenommen und hingerichtet worden sein.

Als die Städter am Ende des Winters zurückkehrten und den Beschuss der Burg wieder aufnahmen, wurde die Lage der Eingeschlossenen zusehends schwieriger. Lebensmittel und Wasser begannen knapp zu werden, die Feinde rückten der Burg immer näher und auf die Hilfe, die der Oettinger bringen wollte, wartete man vergeblich. Im Mai 1423 schließlich fiel der Entschluss, die Burg den Belagerern zu übergeben.

Eine schlichte Gedenktafel aus Holz in der katholischen St.-Michaels-Kapelle der heutigen Zollerburg erinnert an die 32 Männer, die diese Belagerung überlebt haben.

Sie wurden gefangen genommen und nach Ulm gebracht. Drei von ihnen starben auf dem Transport, die anderen wurden bald freigelassen, nachdem sie geschworen hatten, nie mehr gegen den Kaiser und die Reichsstädte zu kämpfen.

Die Burg selbst wurde zunächst geplündert und anschließend dem Erdboden gleichgemacht. Entgegen den damaligen Gepflogenheiten wurde sogar die Kapelle zerstört. Kaiser Sigismund verbot den Wiederaufbau der Zollerburg „zu ewigen tzeiten".

Das weitere Schicksal des Zollerngrafen Friedrich ist historisch nicht eindeutig belegt. Anscheinend ist er bald nach seiner Flucht von Gräfin Henriette im Elsass gefangen genommen und im Schloss von Mömpelgard (Montbéliard) gefangen gehalten worden. Bis heute hält sich in den Geschichtsbüchern hartnäckig die Legende, die Gräfin habe den Grafen in der Gefangenschaft vor die Wahl gestellt, sie zu heiraten oder zu sterben, und der

tapfere Graf habe sich heldenhaft für den Tod entschieden. Bis zu Henriettes Tod soll er im Verlies von Mömpelgard geschmachtet haben und später auf einer Wallfahrt ins Gelobte Land gestorben sein.

Dies ist eine amüsante und erbauliche Anekdote, die aber so mit Sicherheit nicht stimmen kann.

Ein Blick auf die Lebensdaten der beiden Hauptfiguren in dieser Geschichte genügt, um sie zu widerlegen: Gräfin Henriette starb erst ein Jahr nach Friedrich dem Oettinger.[3]

Wir begeben uns in den Bereich der Spekulation, wenn wir uns fragen, ob die Gräfin vielleicht durch die Gefangennahme des Grafen versuchte, die zollerische Grafschaft doch noch in den Besitz des Hauses Württemberg zu bringen. Denn im Jahre 1429 hatte ein Erbvertrag zwischen den beiden Häusern festgelegt, dass die Gebiete der Zollerngrafen im Falle des Aussterbens des Mannesstammes der schwäbischen Linie an Württemberg fallen sollten.

Und die Chancen der Württemberger schienen nicht schlecht zu stehen. Die Ehe von Graf Friedrich XII. und Anna von Sulz war kinderlos geblieben. Sein Bruder Graf Eitel Friedrich I. heiratete erst 1432 im Alter von rund fünfzig Jahren[4] Ursula von Räzüns. Mit der Geburt ihres Sohnes Jos Niklas (I.) im Jahre 1433 wurden die Hoffnungen der Gräfin endgültig zunichte gemacht.

Anmerkungen

1 (Stellien), S. 10.
2 Decker-Hauff, S. 31.
3 Siehe u. a. Uhland, S. 398, und Stribrny, S. 232.
4 Eine genaue Altersangabe ist nicht möglich, da sein Geburtsjahr nicht bekannt ist.
5 Schwab, S. 53–56.

Der Graf von Zollern –
Romanze

Der junge Hohenzoller Graf
Er dient dem Württemberger brav,
Er dient ihm redlich früh und spat
In Jagd und Feld, in Feld und Rath.

Doch als verschied Herr Eberhard,
Die Wittw' im Lande Meister ward,
Da sattelt er sein Roß und spricht:
Fahrt wohl! dem Weibe dien' ich nicht!

Sein Knappe sprach: Herr, das ist schlimm!
Verwahret euch vor Frauengrimm.
Er aber lachte trotziglich:
„Es wird kein Weib verschlingen mich!"

Er rief so laut es unterm Thor,
Da drang es in der Herrin Ohr;
Und als er auf dem Zollern saß,
Traf ihn ein Bot' am vollen Glas.

Der reicht ein kleines Brieflein hin
Ihm von der Württembergerin;
Er zieht die Augen ein so tief:
Was gilt's, es ist kein Liebesbrief!

„Verschlingen alleweg will ich
Dein Gut, dein Schloß, dein Leben, dich;
Kein feiges Weib, wie du geglaubt,
Es traf dein Hohn ein Fürstenhaubt!"

„‚Es traf? – Nun gut, wenns nur sie traf!
Entgegnet spottend ihm der Graf:
Doch anders hab' ich jetzt zu thun,
Die Städte lassen mich nicht ruhn.

Von Reutlingen, von Ulm die Herrn
Den Ritter fiengen gar zu gern,
Es ist auf ihr beladnes Roß
Gefallen gar zu oft mein Troß.'"

Und indem zog der helle Hauf
Der Städter aus dem Thal herauf;
Der Bote macht sich schnell hinaus,
Der junge Graf bestellt sein Haus.

Er zieht die Flügelbrück' empor,
Verriegelt wohl sein neunfach Thor,
Die Knechte führt er auf den Wall,
Ihr Schuß bringt unten viel zu Fall.

Und frohen Muthes bleibt der Held,
Es mangelt ihm nicht Speis' und Geld,
Er schmaust und zecht ein ganzes Jahr:
Zum Abzug bläst der Feinde Schaar.

Da naht es schwarz, wie neues Heer,
Zweitausend sind es, oder mehr.
Der Knappe spricht: „Gnad' uns, o Christ!
Die württemberg'sche Fahn' es ist!"

Der kühne Graf kämpft noch ein Jahr,
Bis Scheune leer und Keller war;
Er beißt die Lippen sich vor Wuth:
„Verschlungen hat sie doch mein Gut!"

Die Thore schließt er traurig auf,
Es zieht herein der Feinde Hauf,
Die Ulmer brechen Stein um Stein,
Die Württemberger lachen drein.

Nach Stuttgart führt man ihn zu Roß:
„Verschlungen habt Ihr, Frau, mein Schloß!
Ihr ließet mir kein Lösepfand,
Mein Leben steht in eurer Hand!"

Die stolze Gräfin winket stumm,
Und lächelt arg und kehrt sich um,
Ins ferne Land, in einen Thurm
Schickt sie den Feind zu Molch und Wurm.

Zehn Jahre wohnt der Graf im Graus,
Sein Haar wird grau, sein Blick löscht aus,
Da sinkt er traurig in das Knie:
„Verschlungen hat mein Leben sie!“

Und seines Kerkers Pforte springt
Und Botschaft ihm der Knappe bringt:
„Im Grabe liegt das grimme Weib,
Frei seid Ihr, Herr, an Seel’ und Leib!“

Er tritt hervor ans Himmelslicht
Und hebt sein bleiches Angesicht,
Und reckt empor zum Schwur die Hand:
„Fort, fort in das gelobte Land!“

„Mich hat sie mir gelassen, mich!“
Er schwingt wie sonst zu Rosse sich,
Er fliegt durch die besonnte Flur,
Und denkt an Gottes Fehde nur!

Er springt vom Roß, er steigt ins Schiff,
Er schwimmt vorbei am Felsenriff,
Er ist der erste auf dem Strand,
Er fasset das gelobte Land. –

Da spürt sein Odem erst die Gruft,
Und seine Brust die Kerkerluft;
Die Kraft im innersten versehrt,
Ihr letztes hat sie aufgezehrt.

Dem Knappen sinkt er in den Arm,
Der Morgenwind umhaucht ihn warm,
Sein sterbend Haupt, es neiget sich,
Er seufzt: „verschlungen hat sie mich!“[5]

2 Die zweite Burg

Im Dezember 1437 starb Kaiser Sigismund im Alter von fast siebzig Jahren. Ihm folgte Albrecht II., mit dem die mehr als dreihundertfünfzigjährige, fast ununterbrochene Reihe der deutschen Herrscher aus dem Hause Habsburg begann. Nachdem er 1439 auf einem Feldzug an der Ruhr gestorben war, wählten die Kurfürsten 1440 seinen Vetter Friedrich (III.) von Habsburg einstimmig zum König; 1452 wurde er in Rom vom Papst zum Kaiser gekrönt.

Das kaiserliche Verbot, die zerstörte Zollerburg wieder aufzubauen, bestand weiterhin, aber der junge Graf Jos Niklas I. setzte sich energisch für seine Aufhebung ein. Dank der Unterstützung seines fränkischen Verwandten Albrecht Achilles gelang es ihm schließlich, die Erlaubnis von Kaiser Friedrich III. zu erhalten. 1454 konnte die feierliche Grundsteinlegung zum Bau der zweiten Burg durch Graf Jos Niklas I. stattfinden.

Ein Historiengemälde in der Bibliothek der heutigen Burg Hohenzollern zeigt Graf Jos Niklas I. bei der Grundsteinlegung.

In den folgenden Jahren entstand ein hufeisenförmiger Burgbau, der im Wesentlichen aus einem Wohntrakt, einer Kapelle und drei Haupttürmen bestand.

Zwei der drei Türme erhielten ihre Namen zum Gedenken an die Personen, die den Wiederaufbau der Zollerburg ermöglicht hatten. Der Markgrafenturm erinnert an Albrecht Achilles, der Kaiserturm an Friedrich III. Der Bischofsturm wurde nach Bischof Friedrich von Augsburg benannt, dem ältesten Sohn von Graf Jos Niklas I.

Ein Teil der Michaelskapelle, die 1461 geweiht wurde, existiert noch heute und wurde in den Wiederaufbau des 19. Jahrhunderts integriert. Daneben wurden sowohl die Grundform der Anlage als auch die drei Haupttürme und ihre Namen beim Bau der dritten Burg übernommen.

Wehrburgen an geografisch sicheren Orten, wie zum Beispiel auf dem Zollerberg, boten zwar weitgehend

Schutz vor feindlichen Angriffen, waren aber alles andere als bequem. Die Räume waren klein, dunkel und schlecht beheizbar. Zu Beginn des 16. Jahrhunderts wechselten daher zahlreiche fürstliche Familien den Standort ihrer Residenzen, zogen in die Täler, wo in der Ebene komfortable Schlösser mit großen, hellen Sälen und ausgedehnten Gartenanlagen erbaut werden konnten.

Auch die Hohenzollern begannen nun zusehends, ihre Residenz ins Tal zu verlegen, und übersiedelten schließlich 1576 beim Regierungsantritt von Graf Eitel Friedrich IV. endgültig nach Hechingen.

Die alte Stammburg auf dem Zollerberg diente zwar kaum noch als Wohnsitz, blieb aber im Besitz der Familie, die sie als Refugium im Falle eines feindlichen Angriffes behalten wollte.

Über die folgenden Jahre ist nur wenig bekannt. Erst zu Beginn des 17. Jahrhunderts erfahren wir aus den historischen Quellen wieder von Baumaßnahmen. Graf Johann Georg ließ die Burg zwischen 1618 und 1623 zur Festung ausbauen. Die Wehrmauern wurden verstärkt und Bastionen angelegt. Die Arbeiten wurden zum Teil als Frondienst ausgeführt, zum anderen durch Getreidezuteilungen entlohnt.

Die Zollerburg galt nun als uneinnehmbar.

Aus dem Religionskonflikt, der schon seit Jahren zwischen Katholiken und Protestanten schwelte, entwickelte sich nach dem Prager Fenstersturz eine kriegerische Auseinandersetzung, die als der Dreißigjährige Krieg (1618 bis 1648) in die Geschichte eingehen sollte.

Graf Johann Georg stand fest auf der Seite des Kaisers, der ihn für seine Verdienste um die katholische Liga 1623 kurz vor seinem Tod in den Reichsfürstenstand erhob.

Zunächst blieb das Fürstentum Hechingen von den kriegerischen Ereignissen weitgehend verschont. Gleichwohl wurden die Wertgegenstände aus dem Hechinger Schloss, dem Kloster in Stetten und aus den umliegenden Dörfern auf die Burg in Sicherheit gebracht.

Dort lebten damals rund fünfzig Männer und eine unbekannte Anzahl von Frauen und Kindern, denn viele Soldaten hatten ihre Familien bei sich. Der Burgherr Fürst Eitel Friedrich V. befand sich nicht unter ihnen. Seit er zu Beginn des Krieges schwer verwundet worden war, kümmerte er sich nur wenig um den Stammsitz der Familie und lebte zumeist auf den Besitzungen seiner Frau in den Niederlanden.

Im Januar 1633 floh Graf Karl von Hohenzollern-Haigerloch mit seiner Familie und ungefähr zwanzig weiteren Personen auf die Burg. Als ihm kurz darauf noch fünfzig Soldaten mit ihren Angehörigen folgten, wurde der Platz zusehends eng.

Einen Monat später wurde Hechingen von schwedischen Truppen besetzt, die auf der Seite der protestantischen Union kämpften. Nachdem die Übergabe des Hohenzollern von seiner Besatzung verweigert worden war, begannen die protestantischen Württemberger im Sommer 1633 die Burg zu belagern.

Durch einen unterirdischen Gang gelangten Nachrichten nach draußen und Lebensmittel in die Burg. Auf diesem Weg schickten die Eingeschlossenen einen Hilferuf an das kaiserliche Heer, das sich am Bodensee befand. Die Hoffnung war jedoch vergeblich, es kam keine Hilfe.

Gleichzeitig schlossen die Württemberger den Belagerungsring immer enger. Auf der Burg wurden Wasser und Lebensmittel knapp. Und als nun auch noch der Winter hereinbrach, litten die Belagerten zusätzlich unter der Kälte. In einer Januarnacht des Jahres 1634 verließ Graf Karl heimlich die Burg und begab sich zum Kaiser nach Überlingen, der jedoch lediglich etwas Proviant für die belagerte Burg versprach.

Blick von Thanheim auf die Burg.
View of the Castle from Thanheim.
Vue du château depuis Thanheim.

Graf Karl starb zwei Monate später in Überlingen. Mit ihm starb die Linie Haigerloch des Hauses Hohenzollern aus.

Nach neun Monaten Belagerung konnten die Württemberger den Hohenzollern im Frühjahr 1634 durch Aushungern der Burgbesatzung einnehmen. Die Burg sowie die Waffen und die Munition mussten den Siegern übergeben werden. Die Besiegten erhielten einen ehrenvollen Abzug und konnten sogar teilweise ihre persönliche Habe mitnehmen.

Im Herbst desselben Jahres wurde Hechingen von Truppen der katholischen Liga besetzt. Die feindlichen Württemberger konnten sich allerdings noch ein Jahr auf der Hohenzollernburg halten, da sie von den Ortschaften Onstmettingen und Balingen, die zu Württemberg gehörten, mit allem Lebensnotwendigen versorgt wurden. Im November 1635 übergaben sie die Burg an die Truppen des bayerischen Kurfürsten Maximilian, die dort (mit einer zweijährigen Unterbrechung) bis 1650 blieben.

Im Jahre 1648 wurde der Dreißigjährige Krieg durch den Westfälischen Frieden beendet. Er hatte rund 40 Prozent der deutschen Bevölkerung das Leben gekostet. Neben Brandenburg und Niedersachsen gehörte die schwäbische Region zu den Gebieten, die am stärksten betroffen waren. Im Fürstentum Hechingen standen von ehemals 1700 Häusern noch 400. Die Pest, die von den Soldaten eingeschleppt worden war, wütete noch lange nach dem Friedensschluss weiter. Zudem lastete auf dem Land ein enormer Schuldenberg, der teilweise 1670 durch die finanzielle Unterstützung von Kurfürst Friedrich Wilhelm von Brandenburg gelindert werden konnte.

Fürst Philip, Bruder und seit 1661 Nachfolger von Eitel Friedrich V., verfügte nicht über die notwendigen Mittel, um den Stammsitz der Hohenzollern zu erhalten. Daher schloss er 1667 erstmals einen „Öffnungstraktat" mit den Österreichern ab, der in den kommenden Jahren noch mehrmals erneuert werden sollte. Dieser sicherte den Österreichern ein Öffnungsrecht sowie das Recht zu, auf der Burg neben den fürstlich-hohenzollerischen eigene Truppen zu stationieren. Dafür verpflichteten sie sich zur Zahlung von Unterhaltsgeldern, die wenigstens einen Teil der notwendigen Renovierungen ermöglichten.

So konnten in den folgenden Jahren dank der österreichischen Unterhaltsgelder die Festungsanlagen noch einmal verstärkt werden. Das Geld reichte allerdings nicht aus, um alle notwendigen Reparaturen auszuführen. Zu Beginn des 18. Jahrhunderts waren bereits einige Mauerteile eingefallen, der Brunnen beschädigt und die Kamine so schadhaft, dass „der auf der Burg angestellte Kaminfeger aus Rottenburg erklärte, die Kamine wären bereits so schlecht beschaffen, daß er sich nicht getraue solche zu säubern und daß die Festung stündlich in Feuersgefahr stände."[1]

Nach dem Tode von Kaiser Karl VI. löste der preußische Angriff auf das damals österreichische Schlesien den österreichischen Erbfolgekrieg (1740–1748) aus.[2]

Das Fürstentum Hechingen versuchte zunächst neutral zu bleiben, wurde aber zwangsläufig mit in die kriegerischen Auseinandersetzungen gezogen, da sich auf der Burg Hohenzollern österreichische Truppen befanden und sein Fürst auf der habsburgischen Seite kämpfte. Französische Truppen, die Preußen unterstützten, besetzten Hechingen. Nach diversen Verhandlungen wurde ihnen die Burg 1744 kampflos übergeben und sie stationierten dort vorübergehend eine eigene Garnison.

Nachdem diese im Frühjahr 1745 abgezogen war, blieb der Hohenzollern für rund zwei Jahre weitgehend unbewohnt. 1747 kehrten die Österreicher noch einmal zurück, verloren aber bald das Interesse an der Burg, die aufgrund der Fortentwicklung der Waffentechnik und des Kriegswesens ihre militärische Bedeutung als befestigter Stützpunkt verloren hatte. 1771 wurde der Öffnungstraktat endgültig gekündigt.

Nach dem Abzug der Österreicher war die Burg dem Verfall preisgegeben, der sich schon bald bemerkbar machte. Bereits Ende des 18. Jahrhunderts berichteten Zeitgenossen von ersten Beschädigungen.

Zu Beginn des 19. Jahrhunderts standen wohl noch die Hauptgebäude und die Türme der alten Zollerburg. Sie wurden allerdings schon damals als teilweise baufällig beschrieben; viele Fenster sollen zerbrochen gewesen sein.

Dank dem Stuttgarter Dichter Gustav Schwab, der auch durch die Herausgabe und Nacherzählung klassischer Sagen bekannt geworden ist, erhalten wir einen Eindruck davon, wie der Hohenzollern um 1822 ausgesehen hat. Schwab berichtet unter anderem:

„Das Schloß selbst bildet ein längliches Viereck von Gebäuden, an dem nur die südöstliche Seite, von welcher der Wanderer hereintritt, offen steht. Rechts hat er hier das Zeughaus mit Geschütz und einer sehenswerthen Sammlung alter Rüstungen, wovon sich einige schön von Stahl gearbeitete der Hohenzollernschen Grafen besonders auszeichnen. Aber das Ganze ist in einem finstern, häßlichen, frühgealterten Saale aufbewahrt, und macht keinen guten Eindruck. Neben dem Zeughause sind zwei Mühlen übereinander, von seltnem Mechanismus, wovon die untere durch Pferde, die obere durch Menschen getrieben wurde. Links, und dem Zeughause gegenüber, steht die Burgkapelle, klein und unansehnlich; aber das einzige aus der ältesten Zeit übergebliebene Gebäude des Schlosses, deren Erbauung ins 11te Jahrhundert zu setzen ist. – Den übrigen Theil des Schlosses nehmen Zimmer und Säle ein, die nicht alt und nicht neu den traurigen Eindruck zerfallender Baulichkeiten machen, und das Bild einer Zerrüttung geben, die nicht hohes Alter, sondern Mangel an Erhaltung herbeigeführt hat. So ist an der nordwestlichen Fronte das Gebäude, (...), so sehr im Zerfallen begriffen, daß man mit einiger Gefahr hindurchwandelt; aber die Risse und gespaltnen Wände und entblösten Giebel zeigen keine ergraute Quadern, sondern weißen Kitt und rothe Ziegelsteine. (...). Die gesammten Schloßgebäude sind mit einer auch schon zerfallenden Mauer umgeben, die übrigens noch genug Spuren des Festungsmäßigen zeigt; so wie auch die Oberfläche des Berges mit tiefen Kasematten, die mühselig in die Felsen gehauen und gewölbt, auch noch zugänglich sind, unterminirt ist. Die Aufsicht führt ein Invalide, der einzige Bewohner des Schlosses.“[3]

Ein ähnliches Bild muss sich auch schon 1819 dem schwäbischen Dichter Wilhelm Hauff geboten haben, als er den Hohenzollern besuchte. Ob die zerfallende Burg wohl dazu beigetragen hat, ihn zu seinem romantischen Roman „Lichtenstein“ zu inspirieren, den er wenige Jahre später veröffentlichen sollte?

Jedenfalls scheint sich das Ausflugsprogramm des 19. Jahrhunderts kaum vom heutigen unterschieden zu haben. Als Theodolinde von Leuchtenberg 1835 ihre Schwester Eugenie, die spätere Fürstin von Hohenzollern-Hechingen besuchte, wurden die Nebelhöhle, der Lichtenstein und der Hohenzollern besichtigt.

Im Jahre 1819 besuchte auch der damalige preußische Kronprinz und spätere König Friedrich Wilhelm IV. den Hohenzollern und beschloss, den Stammsitz seiner Familie wieder aufbauen zu lassen.

Er war ein kunstliebender Mensch, der sich schon in jungen Jahren mit Architektur befasste. Er pflegte den Gedankenaustausch mit den Malern, Bildhauern und Architekten seiner Zeit und war selbst ein begabter Zeichner. Mit den Baumeistern, die im Auftrag seines Vaters, König Friedrich Wilhelm III., tätig waren, arbeitete er eng zusammen, entwarf zu den Bauvorhaben eigene Pläne, diskutierte mit den Architekten, machte Anregungen und Änderungsvorschläge.

Zu seinen wichtigsten Bauprojekten zählen der Bau von Schloss Babelsberg (1834), der Wiederaufbau von Burg Stolzenfels am Rhein (1836) und der Weiterbau des Kölner Domes (1842–80), mit dem bereits im 13. Jahrhundert begonnen worden war.

Anmerkungen

1 (Stellien), S. 154.
2 Der Österreichische Erbfolgekrieg ist mit den Schlesischen Kriegen Friedrich II. von Preußen untrennbar verbunden, von denen der dritte als Siebenjähriger Krieg in die Geschichte einging.
3 Schwab, S. 47–48.

3 Die dritte Burg

a) „Romantische Ruine“

Kronprinz Friedrich Wilhelm konnte den Wiederaufbau der Burg Hohenzollern nicht sofort in Angriff nehmen, denn der sparsame König Friedrich Wilhelm III. und seine Minister waren nicht bereit, ihm die notwendigen finanziellen Mittel zu bewilligen.

Seine schwäbische „Verwandtschaft“ zeigte zwar Interesse an seinen Plänen, aber auch sie konnte das Geld für deren Verwirklichung nicht aufbringen, wie Fürst Friedrich von Hohenzollern-Hechingen dem Kronprinzen 1820 brieflich mitteilte.

Schließlich bewilligte der preußische König im Sommer 1822 einen einmaligen Zuschuss von 10 000 Talern, um die alte Burg wenigstens teilweise zu retten.

Noch im selben Jahr wurde der badische Hauptmann Friedrich Arnold mit den Baumaßnahmen beauftragt, die zwischen 1823 und 1827 stattfanden.

Entsprechend den Vorstellungen des 19. Jahrhunderts wurde der alte Familienstammsitz in eine „romantische Ruine“ verwandelt, indem ein Teil der alten Gebäude gesprengt, ein neues Zeughaus und ein neuer Turm gebaut und ein Teil der Michaelskapelle wieder hergestellt wurden.

Im letzten Jahrhundert war das Interesse der Adeligen und der gebildeten Menschen an der Vergangenheit groß. Antike Stätten in Ägypten, Griechenland und Italien wurden ausgegraben, mittelalterliche Burgen „restauriert“.

Allerdings war das Verständnis der Denkmalpflege in jener Zeit ein vollkommen anderes als heute. Ein Mensch des ausgehenden 20. Jahrhunderts mag den damaligen Umgang mit alten Baudenkmälern und Kunstgegenständen als regelrecht barbarisch empfinden. So scheute sich zum Beispiel F. Auguste Mariette 1852 nicht, das Grab eines Pharaonensohnes mit Sprengstoff freizulegen. Und Heinrich Schliemann, der 1868 Troja entdeckt hatte und ab 1870 ausgrub, zeigte keinerlei Bedenken, die „neueren“ oberen Bauwerke, auf die er stieß, teilweise zu zerstören, um die älteren, tiefer liegenden Mauern freilegen zu können.

Dem Geist der Romantik folgend wurden in jenen Jahren mittelalterliche Gebäudeteile zahlreicher Burgen teilweise abgetragen und durch historisierende Neu- oder Umbauten ersetzt.

Der Torturm während des Wiederaufbaus, um 1850 /60 von J. C. Daiker, Hechingen, fotografiert.

The Gateway-Tower, around 1850/60.

La tour d'entrée du temps de reconstruction entre 1850–60 photo J. C. Daiker Hechingen.

Modell der Burg aus Holz, um 1860.
Model of the Castle, dating from around 1860.
Modèle du château en bois env. 1860.

Vieles, was uns heute als unsachgemäße Vorgehensweise erscheinen mag, wurde damals als Pflege der alten Kulturgüter verstanden. Nur so lässt es sich erklären, dass in jenen Jahren Glasfenster aus dem 13. Jahrhundert, die heute zu den ältesten und schönsten in Süddeutschland gerechnet werden, aus dem Hauskloster der Hohenzollern in Stetten bei Hechingen herausgerissen wurden, um sie in Burgen und Schlössern der Umgebung, vor allem in der zollerischen Michaelskapelle, einzusetzen. Man sollte hierbei allerdings auch bedenken, dass diese Fenster möglicherweise durch die Herausnahme vor ihrer Zerstörung bewahrt worden sind.

Auch die Art, wie man sich im 19. Jahrhundert mit genealogischen Forschungen beschäftigte, wirkt auf heutige Menschen reichlich unwissenschaftlich. Jedes Fürstenhaus war bestrebt, seine Abkunft auf ein uraltes Geschlecht, möglichst auf den fränkischen König und römischen Kaiser Karl den Großen (747–814), zurückzuführen, denn man glaubte, die Ehre der eigenen Familie dadurch noch vergrößern zu können. Um die Herkunft von solch edlen Ahnen zu dokumentieren, griff man gelegentlich auch zu recht gewagten genealogischen Konstruktionen.

Schon im 17. Jahrhundert hatte Friedrich Wilhelm von Brandenburg, der Große Kurfürst, versucht, die Abstammung der brandenburgischen Kurfürsten von den schwäbischen Zollerngrafen und den Nürnberger Burggrafen zu beweisen, konnte aber keine Dokumente finden, welche dies belegten. Zwar wusste man im 19. Jahrhundert durchaus noch um diese Herkunft, sie konnte jedoch erst von dem schlesischen Rittergutsbesitzer Rudolph von Stillfried belegt werden, der im Laufe der Zeit verschiedene Ämter am preußischen Hof bekleidete.

Die Burg von Süden her betrachtet, vermutlich um 1900.
The Castle around 1900.
Le château vue du sud aus alentour de 1900.

Wehrhaus und Torturm während der Bauarbeiten, 10. Juli 1855.
Military house and Gateway-Tower, July 10, 1855.
Bâtiment de défence et la tour d'entrée pendant la construction, 10 juillet 1855.

Nachdem er dem Kronprinzen begegnet war, begann Stillfried vermutlich um 1830, sich mit der Familiengeschichte des Hauses Hohenzollern zu befassen. Schon in seiner ersten Veröffentlichung zu diesem Thema führte er den Ursprung der Hohenzollern auf Karl den Großen zurück, benannte die Burg Hohenzollern als Stammsitz der Familie und die Zollerngrafen als Ahnen des preußischen Königshauses.

Den Beweis für diese Abkunft brachten allerdings erst seine Forschungen in süddeutschen Archiven, die er ab 1835 im Auftrag des Kronprinzen unternahm.

„Seine Untersuchungen standen alle in engem Zusammenhang mit der Burg, die für ihn das Symbol des Gesamthauses Hohenzollern bedeutete. Das Stammhaus der Hohenzollern bildete den sichtbaren Beweis für die Anciennität des Königshauses Preußen und seine Herkunft aus dem Zentrum des untergegangenen alten Reiches. Hier konnte er mit der Beweiskraft der Geschichte die Bedeutung der Dynastie für die Gegenwart am wirkungsvollsten zum Ausdruck bringen."[1]

Aber obwohl sich Rudolph von Stillfried sehr für den Wiederaufbau der Burg einsetzte und Pläne dazu entwarf, konnte er den König und seine Minister nicht für dieses Projekt gewinnen. Einige Jahre lang bewegte sich nichts.

1840 starb Friedrich Wilhelm III. und der Kronprinz bestieg als König Friedrich Wilhelm IV. den preußischen Thron.

Ab 1843/44 verhandelte Rudolph von Stillfried mit dem neuen preußischen König und seinen schwäbischen „Verwandten" über den Wiederaufbau des alten Fami-

Wehrhaus und Christuskapelle 1860.
Military house and the Chapel of Christ in 1860.
Bâtiment de défence et la chapelle du Christ 1860.

Diese bestand aus Rudolph von Stillfried, dem Hechinger Geheimrat Johann Nepomuk von Giegling und dem Sigmaringer Geheimrat August von Weckherlin sowie dem Architekten August Stüler.

Letzterer war ein Schüler des berühmten Karl Friedrich Schinkel, der das architektonische Bild seiner Epoche, vor allem in Berlin und Potsdam, sehr stark geprägt hatte. Er war der bevorzugte Architekt von Friedrich Wilhelm IV. gewesen, der ihn gerne auch mit dem Wiederaufbau der Burg Hohenzollern beauftragt hätte. Aber Karl Friedrich Schinkel starb bereits 1841, wenige Monate nach der Thronbesteigung des neuen Königs, unerwartet im Alter von sechzig Jahren.

Schinkels Mitarbeiter und Schüler August Stüler wurde sein Nachfolger, ab 1842 „Architekt des Königs“ und schon bald alleiniger Berater von Friedrich Wilhelm IV. in allen architektonischen Belangen. Stüler führte den Geist der Schinkel-Schule fort und verband diesen mit

Auffahrt und Eingang zur Bastei am 5. August 1855.
Driveway with the entrance to the bastion, photographed on August 5, 1855.
L'entrée sur le bastion le 5 août 1855.

lienstammsitzes. Obwohl die Finanzierung des Projektes weiterhin Schwierigkeiten bereitete, wurde 1846 schließlich ein Vertrag zum gemeinsamen Wiederaufbau der Burg Hohenzollern zwischen Friedrich Wilhelm IV., dem Fürsten von Hohenzollern-Hechingen und dem Fürsten von Hohenzollern-Sigmaringen geschlossen. In Folge des Vertrages wurde eine „Immediat-Commision“ eingesetzt, also ein unmittelbar dem Staatsoberhaupt bzw. der obersten Behörde unterstehender Ausschuss.

Auffahranlage während der Bauarbeiten, 5. August 1855.
Driveway, photographed on August 5, 1855.
Accès du château pendant la construction, le 5 août 1855.

Blick in den Innenhof, Aufnahme 1860.
View of the Castle Yard in 1860.
Vue dans la cour, photo 1860.

Renaissanceformen. Beim Wiederaufbau der Burg Hohenzollern, mit dem ihn der König beauftragte, knüpfte er an den gotischen Stil der noch vorhandenen Bauteile aus dem 15. Jahrhundert an und verband diesen mit den neugotischen Elementen des 19. Jahrhunderts.[2]

Es wurde zwar versucht, die alte Bausubstanz in den Neubau mit einzubeziehen, dafür kamen jedoch nur die Keller und Fundamente in Frage. Außer der Michaelskapelle waren alle Bauwerke zu baufällig, da beim Bau der zweiten Burg teilweise schlechtes Material verwendet worden war. Der Architekt August Stüler erwähnt „einen Mörtel, welcher aus Mangel an gutem Sand außerordentlich wenig Festigkeit hatte".[3]

Nachdem 1847 mit dem Bau einer Auffahrt begonnen worden war, wurden die Bautätigkeiten – bedingt durch die politischen Ereignisse – für einige Jahre unterbrochen.

Die sogenannte Märzrevolution von 1848 lenkte zwangsläufig das Interesse des Königs von seinem Bauprojekt ab und sollte gleichzeitig – wie wir noch sehen werden – entscheidende Auswirkungen darauf haben.

1848 wurde unter anderem die Forderung nach Volkssouveränität, nach einem deutschen Nationalstaat, Pressefreiheit und Geschworenengerichten erhoben. Ein deutsches Nationalparlament wurde gegründet: die Frankfurter Nationalversammlung, die seit dem 18. Mai 1848 in der Paulskirche in Frankfurt tagte. Sie wollte eine gesamtdeutsche Verfassung und einen Nationalstaat schaffen und bot dem preußischen König die erbliche Kaiserkrone an.

Friedrich Wilhelm IV. lehnte diese jedoch ab, da er der Meinung war, „eine solche Krone könne er nur von den deutschen Fürsten entgegennehmen."[4]

Die revolutionären Vorgänge griffen auf die meisten deutschen Staaten über. Auch die Fürstentümer Hechingen und Sigmaringen blieben nicht verschont. Am 11. März 1848 kam es in Hechingen zu einer Demonstration von Bauern. Im September musste Fürst Karl aus Sigmaringen fliehen und dankte schon bald zugunsten seines Sohnes Karl Anton ab.

Zwar siegte am Ende die Gegenrevolution, aber der Aufruhr hatte die beiden hohenzollerischen Fürsten amtsmüde gemacht. Sie wollten ihre Fürstentümer abgeben und boten sie dem erbverbrüderten preußischen König an.

Friedrich Wilhelm IV. lehnte eine solche Übernahme jedoch zunächst ab. Sie passte nicht in sein Weltbild, das vom Gottesgnadentum geprägt war. Denn in seinen Augen waren die Fürsten von Gott eingesetzt und konnten daher ihr Land nicht einfach nach Belieben abgeben. Erst als er befürchten musste, die hohenzollerischen Fürstentümer könnten an das Königreich Württemberg fallen, änderte er seine Meinung und erklärte sich zur Übernahme bereit.

Am 7. Dezember 1849 traten die Fürsten Karl Anton von Hohenzollern-Sigmaringen und Friedrich Wilhelm

Konstantin von Hohenzollern-Hechingen ihre Souveränität in einem Staatsvertrag an Preußen ab. Zu Beginn des Jahres 1850 wurden die hohenzollerischen Fürstentümer preußisch.

Sicherlich waren in erster Linie politische Erwägungen für den Meinungsumschwung des preußischen Königs ausschlaggebend, möglicherweise hat jedoch auch sein Interesse am Wiederaufbau der zollerischen Stammburg eine Rolle dabei gespielt.

Jedenfalls änderten sich mit diesem Schritt auch die Besitzverhältnisse in Bezug auf den alten Familienstammsitz und nun wurde „die bisher ganz hohenzollerisch-schwäbische Burg zum überwiegenden Teil hohenzollerisch-preußisch".[5]

Am 23. September 1850 fand die feierliche Grundsteinlegung zum Bau der dritten Burg durch Prinz Wilhelm von Preußen, den Bruder von König Friedrich Wilhelm IV. und späteren Kaiser Wilhelm I., statt.

Aus diesem Anlass hielt der bauleitende Ingenieur Leutnant Heinrich von Blankenburg eine Rede, die hier teilweise wiedergegeben werden soll:

„Werksgesellen und Arbeiter!

Das Werk, das Ihr mit voller Kraft und mit frohem Mut begonnen, es hat heute seine höchste, seine schönste Weihe erhalten. Einen mächtigern Sporn zu treuer Pflichterfüllung kann es für Euch, kann es für uns nicht geben.

Es ist unsere Aufgabe, die Wiege eines großen Fürstenstammes aus ihren Trümmern wieder erstehen zu lassen und sie zum Schutz und Trutz mit festen Mauern und Zinnen zu gürten gegen jeden Angriff, er komme, woher er wolle!

Aus dieser Wiege war zwar der königliche Zweig des Geschlechts auf Jahrhunderte herausgetreten, aber nur um sich einen anderen, festeren Wall zu bauen, eine Wehr aus dem edelsten Stoffe, aus den Herzen eines großen, edlen, treuen Volkes.

Auch Ihr seid jetzt Glieder dieses Volkes und als solche wollet Ihr nie es vergessen, dass Preußen durch sein Königshaus groß geworden, dass es in seiner treuen, aufopfernden Anhänglichkeit an dasselbe den gewaltsamsten Stürmen des Unglückes zu trotzen, zu gebieten vermochte.

Bei jedem Stein, den wir legen, wird uns der Gedanke durchglühen, ein Werk zur Verherrlichung des geliebtesten Königsstammes aufführen zu dürfen, es soll uns stets vor der Seele schweben, dass auf den Mauern, die wir hier gründen, das Banner der Fürsten wehen soll, die im alten Preußenlande in jeder Hütte, in jedem Herzen leben, das Banner des großen Kurfürsten, das Banner Friedrichs des Großen – dasselbe, um das sich in jenen verhängnisvollen Tagen das ganze Preußenvolk auf den Ruf seines Königs sammelte, um hochherzig Gut und Blut dem Vaterlande darzubringen.

In den Tagen des Friedens prange unser Werk von seinem Felsenthron hinaus in die deutschen Lande und künde den Völkern, dass unter Preußens Scepter Millionen Herzen glücklich schlagen; – in den Tagen der Gefahr aber werdet Ihr, Hohenzollern, die Erbauer und Anwohner der Königlichen Burg gewiss die ersten sein, welche nach ächter Preußenart die Axt mit dem Schwert vertauschen und mit treuer Brust ihren letzten Zugang decken. Lieber wollet Ihr die Veste, Euer eigenes Werk, zum eigenen Leichenstein werden lassen, als zum Tummelplatz eines Fremden.

Wenn Ihr bereit seid, dies Gelübde zu lösen, das ich in Eurem, Eurer Kinder und Kindeskinder Namen vor diesem Königlichen Zeugen ablege, dann stimmt mit in diesen Ruf:

Gott mit den Zollern!
Preußens Königsstamm, er lebe hoch!"[6]

b) Festung

Die politischen Unruhen brachten einen neuen Gesichtspunkt in die Planung zum Wiederaufbau der Burg Hohenzollern. Zunächst war lediglich der Bau eines

Blick vom Zeller Horn auf die verschneite Burg.
View of the snow-covered Castle from the mountain of Zeller Horn.
Vue du château.

Burganlage mit Ritterfiguren.
Castle grounds with figures of knights.
L'enciente du château avec des chevaliers.

Blick in die Auffahranlage der Burg.
View up the driveway to the Castle.
Vue dans l'entrée du château.

Steinerne „Wächter“ auf den Zinnen.
Stone “watchmen”.
Gardiens en pierre sur le rebord de la muraille.

Hochschlosses mit Wohn- und Repräsentationsräumen vorgesehen gewesen. Nun traten militärische Überlegungen in den Vordergrund.

Zwar war die Waffentechnik im 19. Jahrhundert längst so weit entwickelt, dass mittelalterliche Wehrburgen nur sehr bedingt Schutz vor feindlichen Angriffen bieten konnten, aber die damaligen Geschütze waren nicht in der Lage, die Burg vom nächstgelegenen Berg – dem Zeller Horn – aus ernsthaft zu beschädigen.

Daher wurde nun eine Festungsanlage mit Bastionen, Kasematten, einer befestigten Fahrstraße, Toren und Zugbrücken entworfen.

Der Festungsbaumeister Moritz von Prittwitz und Gaffron, der 1841 den Bau der Bundesfestung in Ulm geleitet hatte, wurde mit dem Bau der Auffahrtanlage betreut. Die Aufgabe, die ihm hier gestellt wurde, war nicht einfach zu bewältigen, denn es galt auf einer Fläche von rund 55 × 40 Metern zwischen dem Eingang der Burg – dem Adlertor – und dem Eingang in den Burghof – dem Torturm – eine Straße anzulegen, die ungefähr 25 Meter Höhenunterschied überbrücken sollte.

Die Anlage, die von Prittwitz geschaffen hat, gilt als Meisterleistung der Kriegsbaukunst des 19. Jahrhunderts.

„Hierfür entwarf (...) von Prittwitz (...) den sehr geistreichen (...) Plan. Hiernach windet sich der Weg, um auf dem beschränkten Raume die 70 Fuß betragende Höhe des Burgfelsens zu ersteigen, 4 mal bis zum Ausgangspunkte zurück, so daß man zuerst durch jedes der untern Thore und dann über dasselbe hinweg, schließlich aber durch einen langen Tunnel fährt, ehe man wieder die offene Straße gewinnt, die zum obersten Burgthor führt. Durch diese Windungen werden 3 Höfe mit Gärtchen und Cisternen eingeschlossen, deren unterer Hof den umgebenden Casematten, die oberen aber dem Tunnel Licht geben, die jedoch sämtlich höchst malerische Ein- und Ansichten bieten und unstreitig das Schönste sind, was die neuere Befestigungskunde nach dieser Richtung hin aufzuweisen hat.“[7]

Lampe in der Burganlage.
Lamp in the castle grounds.
Lampe dans l'interrieur du château.

Blick von der Auffahrt auf die Burg.
View up the driveway to the Castle.
Vue de l'entrée dans le château.

Blick von der Bastei auf die evangelische Christuskapelle.
View from the bastion of the Chapel of Christ.
Vue de le bastion sur la chapelle protestante du Christ.

Hinzuzufügen wäre noch, dass diese Auffahrstraße eine Steigung von nur 9 bis 10 Prozent hat.

Im September 1850 wurde mit der Errichtung der Militärbauten begonnen, woran ungefähr 350 Arbeiter beteiligt waren. Und bereits sechs Jahre später – noch während des Wiederaufbaus der Burg – zog die erste Truppe ein.

Von 1856 bis 1913 befanden sich Wachkompanien, danach bis 1919 Wachkommandos auf der Burg. Die Männer wurden jeweils für ein Jahr auf dem Hohenzollern stationiert, wobei die verheirateten ihre Familien mitbringen konnten. Die Truppen waren vor allem im Wehrhaus untergebracht, also im nördlichen Flügel der Burg, zwischen der königlichen Wohnung – den heutigen Führungsräumen – und der evangelischen Christuskapelle.

Dieser Teil der Burg ist heute für die Öffentlichkeit weitgehend nicht zugänglich. Im Erdgeschoss befinden sich Büroräume und das Restaurant, im ersten Stock eine Privatwohnung der Familie, die sogenannte Großfürstenwohnung oder Neue Wohnung. Im zweiten Stock ist die Prinzessin-Kira-von-Preußen-Stiftung untergebracht.

Die Mannschaft der Wachkompanien bewohnte vor allem die Räume im zweiten Stock des Wehrhauses, wobei sich ungefähr zehn bis zwanzig Männer ein Zimmer teilen mussten.

Das „Hauptgeschoss“, also der erste Stock, wurde unter anderem als Kommandantenwohnung genutzt, zu der eine Küche und eine Toilette gehörten. Dort war zeitweise auch die Bibliothek untergebracht, die vom Kasernenverwalter betreut wurde. Sie bestand zum Teil aus Geschenken von König Friedrich Wilhelm IV. und teilweise aus Leihgaben des Fürsten von Hohenzollern.

Eine Marketenderei, also eine Art Kantine mit einem kleinen Laden, versorgte die Mannschaft, die Bauarbeiter und die Burgbesucher mit Lebensmitteln. Sie befand sich zunächst im Keller des Südflügels, wo auch eine Waschküche untergebracht war, und wurde 1869 in das Erdgeschoss des Wehrhauses verlegt.

Außerdem gab es bereits seit 1851 eine Wirtschaft auf der Burg, die vermutlich stets vom gleichen Pächter betrieben wurde wie die Marketenderei. Das Brot wurde täglich von der Gaststätte und Poststelle Brielhof am Fuß des Zollerberges geliefert.

Der Marketender war auch für die Verpflegung der Offiziere zuständig, kochte aber nicht selbst. War er verheiratet, wurde das Essen von seiner Frau zubereitet, ansonsten von einer Köchin. Dafür gab es eine eigene Offiziersküche im Keller des Wehrhauses.

Der Marketender wohnte im Erdgeschoss des Wehrhauses, wo auch eine Soldatenstube und ein Speiseraum untergebracht waren, die später als zusätzliche Unterkünfte für die Truppe dienten. Zwischen diesen Räumen gab es eine Waschstube, die aus der Küche im Keller mit Wasser versorgt wurde, indem es in Eimern nach oben getragen wurde.

Neben der Küche befanden sich im Keller noch eine Waschküche, eine Heißmangel, Feuereimer, Kübelspritze und ein Vorratsraum. 1905 wurden dort Duschen für die Truppen und ihre Angehörigen eingerichtet.

Da sich innerhalb der Burganlage keine natürliche Quelle befindet, musste das Wasser stets von außerhalb beschafft werden, was bei den Belagerungen der ersten beiden Burgen immer wieder zu Trinkwassermangel geführt hatte.

„Die heutige Wasserversorgung der Burg erfolgt durch eine Pumpenstation am Nordhang des Berges, die mit einer Doppelwidderanlage und einem Dieselmotor ausgestattet ist und das Wasser aus einer Quelle am Hange des Zellerhorns bezieht. (...) 1977/78 wurde von der Pumpenstation zur Burg eine neue Wasserleitung verlegt“.[8]

Beim Wiederaufbau im letzten Jahrhundert wurde ungefähr 110 Meter unterhalb der Burg ein befestigter Wasserturm, der Fuchsturm, angelegt, von wo aus das Wasser aus der Fuchslochquelle mit einem Wasserpumpwerk in verschiedene, teilweise unterirdische Behälter auf der Burg gepumpt wurde.

Blick vom Grafensaal auf Hechingen.
View from the Count's Hall over Hechingen.
Vue de la salle des comtes sur Hechingen.

Der befestigte Wasserturm rund 110 Meter unterhalb der Burg, von dem aus das Wasser auf die Burg gepumpt wurde.

The water-tower, about 110 metres below the Castle.

Pompe à eau a 110 mètres au dessous du château pour l'aprovisation du château.

„Das Wasser wurde auf der Burg in drei Reservoire geleitet, die untereinander nicht in Verbindung standen. Zwei von ihnen waren zur Trinkwasserversorgung bestimmt. Eines befand sich unter der Remise im Kellergeschoß der evangelischen Kapelle mit einer Pumpe in einem turmartigen Vorsprung des Ökonomiehofes, das andere unter der Kochküche im Keller des Wehrhauses mit einer Handpumpe in der Küche, durch welche das Wasser einmal an Ort und Stelle, d. h. also in der Küche, entnommen werden konnte (...). Das dritte vom Wasserturm gespeiste Reservoir lag unter dem vorderen Teil des unteren Burghofes und diente nur als Löschwasser bei Feuersgefahr."[9]

Friedrich Wilhelm III.
Friedrich Wilhelm III.
Frédéric Guillaume III.

Friedrich Wilhelm IV.
Friedrich Wilhelm IV.
Frédéric Guillaume IV.

Wilhelm I.
Wilhelm I.
Guillaume I.

Des Weiteren wurde Wasser in einen Behälter auf der Bühne des Wehrhauses gepumpt. Dort wurde in einem weiteren Behälter zusätzlich Regenwasser gesammelt, das zum Waschen und für die Klosetts im ersten und zweiten Stock des Wehrhauses benutzt wurde. Auch auf der Bühne der Michaelskapelle befand sich ein Wasserbehälter. Das dort gesammelte Regenwasser speiste den Brunnen im Hof und diente zugleich als Löschwasser.

Eine Zeit lang befanden sich die Latrinen für die Mannschaft im Wirtschaftshof zwischen Torturm und der Remise unter der evangelischen Kapelle. Nach dem Abriss dieser Latrinen wurde dort eine Garage gebaut, in der heute die Feuerwehr von Bisingen ein Löschfahrzeug untergestellt hat.

c) Kaiserstammsitz

Nachdem 1853 die Festungsbauwerke fertig gestellt worden waren, wurde mit dem Bau des eigentlichen Schlossgebäudes begonnen, dessen Rohbau bereits drei Jahre später beendet war.

Der Generalrapport der Baukommission vom 2. Oktober 1856 bezifferte die Kosten auf rund 300 000 Taler. Über 60 Prozent davon waren für die militärischen Bauten ausgegeben worden, die vom Preußischen Kriegsministerium finanziert wurden. Die evangelische Christuskapelle, deren Bau ein besonderes Anliegen des sehr gläubigen Königs war, bezahlte Friedrich Wilhelm IV. aus seiner Privatschatulle. Die Kosten für die Wiederherstellung der Michaelskapelle teilten sich die beiden Fürsten von Hohenzollern. Die Baukosten für das Schloss wurden zu zwei Dritteln von der Preußischen Kronfideikommisskasse und zu einem Drittel von der Fürstlich Hohenzollerischen Hofkammer getragen.

Auf dieser Verteilung der Finanzierung beruhen im Wesentlichen die heutigen Besitzverhältnisse: Die Burg Hohenzollern gehört zu zwei Dritteln dem vormals regierenden Preußischen Königshaus und zu einem Drittel dem Fürstlichen Haus Sigmaringen.

Von diesem Baurapport wurden mehrere Ausfertigungen erstellt und von König Friedrich Wilhelm IV. unterzeichnet. Eine davon wurde zusammen mit anderen Schriftstücken und kleinen Pappdosen, die mit Weizen, Roggen und Erbsen gefüllt waren, bei der feierlichen Einweihung des Rohbaus am 3. Oktober 1856 in eine Messingkapsel gelegt.

Aus Anlass der Einweihung waren Friedrich Wilhelm IV. von Preußen und seine Frau Elisabeth als „Graf und Gräfin von Zollern“ nach Hechingen gereist. Neben Kronprinz Wilhelm von Preußen waren auch Fürst Karl Anton von Hohenzollern und sein Sohn Erbprinz Leopold anwesend.

Das 19. Jahrhundert kannte die strikte Trennung zwischen Architekt, Statiker, Innenarchitekt und Möbeldesigner, wie sie heute üblich ist, noch nicht. So begegnen wir dem Architekten August Stüler bei der Ausstattung der Innenräume ein weiteres Mal. Er entwarf größtenteils die Innenarchitektur der Repräsentations- und Wohnräume, der heutigen Führungsräume also, und der fürstlichen Wohnung, die sich über den Führungsräumen befindet und für die Öffentlichkeit nicht zugänglich ist, sowie die der evangelischen Christuskapelle. Vermutlich gehen auch die Möbel der königlichen Wohnung, die allerdings erst nach seinem Tod (1865) in Nürnberg angefertigt wurden, weitgehend auf seine Entwürfe zurück.

Der Burggarten um 1900.
The garden around 1900.
Le jardin du château aus alentour de 1860.

Die Illustration der Innenräume wurde vor allem von dem Historienmaler Wilhelm Peters ausgeführt. Er orientierte sich an den Vorgaben Stillfrieds, der mit diesem „Bildprogramm“ den Aufstieg der mittelalterlichen Zollerngrafen aus dem Schwäbischen zum Preußischen Königs- und späteren Deutschen Kaiserhaus darstellen wollte.

Der Burggarten mit Gartenwirtschaft, im Hintergrund: der Torturm.

The garden, with the Gateway-Tower in the background.

Le jardin avec buvette, au fond la tour cochère.

„Für Stillfried war es von Anfang an eine Selbstverständlichkeit, die Burg in Verbindung mit der Geschichte der Hohenzollern als historisches Denkmal mit einem umfangreichen Bildprogramm auszustatten. In diesem Programm werden alle Ausdrucksmöglichkeiten der bildenden Kunst ausgeschöpft. Porträt- und Historienmalerei, Plastiken, Wappen, genealogische Tafeln und Inschriften werden gleichermaßen in Anspruch genommen.“[10]

Der Gartenarchitekt Peter Joseph Lenné, der 1816 nach Potsdam berufen worden war und dort unter anderem den Park von Sanssouci neu gestaltet hatte, wurde 1855 mit der Aufforstung des bis dahin kahlen Zollerberges und der Bepflanzung der Basteien sowie der Gestaltung des Burggartens beauftragt. Leider ist von seiner gärtnerischen Gestaltung heute fast nichts mehr zu sehen. Der Berg wurde im Laufe der Jahre weiter aufgeforstet und der Burggarten 1952 in eine Gartenwirtschaft umgewandelt, wofür die rund zehn Meter hohe Brunnenanlage abgebrochen werden musste. Die lebensgroße Statue von Friedrich Wilhelm IV., die den Brunnen geschmückt hatte, steht heute vor der katholischen Michaelskapelle.

Auch die Bepflanzung der Basteien entspricht schon lange nicht mehr den Entwürfen von Lenné. Hier könnte sich allerdings schon bald die Möglichkeit zu einer bedingten Wiederherstellung des früheren Bildes ergeben. Denn derzeit und in den kommenden Jahren müssen zahlreiche Bäume und Sträucher gefällt werden, um das Mauerwerk der Burg vor der Zerstörung durch ihre Wurzeln zu schützen.

„Bei allem Bedauern um die teilweise stattlichen Bäume könnte sich nach Einschätzung des Landesdenkmalamtes eine ganz neue Entwicklungschance für die Burg auftun: denn zwischenzeitlich hat man die über 130jährigen Burgpläne hervorgeholt und versucht in den nächsten Jahren durch sorgsame Neuanpflanzung und Umgestaltung dem historischen Burgbild wieder näherzukommen.“[11]

Im Jahre 1866 – der Wiederaufbau der Burg war noch immer nicht vollendet – wurde der Hohenzollern noch einmal in kriegerische Auseinandersetzungen verwickelt.

Zankapfel war das weit entfernte Schleswig-Holstein, das Dänemark nach dem Deutsch-Dänischen Krieg 1864 an Preußen und Österreich hatte abtreten müssen. Schon zwei Jahre später begann der Krieg zwischen Österreich und Preußen, der sich als Deutscher Krieg in den Geschichtsbüchern findet, wobei allerdings die schleswigholsteinische Frage lediglich einen willkommenen Vorwand lieferte, um den Führungsanspruch im Deutschen Bund endgültig zu klären. Bereits nach sieben Wochen wurde Österreich in der Schlacht von Königgrätz geschlagen. Damit war die Vorherrschaft in Deutschland endgültig zu Gunsten von Preußen entschieden.

Das Königreich Württemberg kämpfte in diesem Krieg auf österreichischer Seite. Am 3. Juli 1866, dem Tag der Schlacht von Königgrätz, wurde der Hohenzollern von württembergischen Truppen besetzt und nach der Gemahlin von König Karl in „Olgaburg“ umbenannt. Ironischerweise war Königin Olga von Württemberg eine Nichte von König Wilhelm I. von Preußen, die allerdings ebenso wie ihr Gemahl dem preußischen Machtstreben eher ablehnend gegenüberstand.

Am 24. Juli 1866 zogen die württembergischen Truppen von der Burg ab.

„Nachdem Preußen den Krieg gewonnen hatte, mußte Württemberg 8 Millionen Gulden als Kriegsentschädigung bezahlen, und weitere 600 000 Gulden für die Besetzung der Burg und Festung Hohenzollern.“[12]

Im Herbst des folgenden Jahres konnte der Wiederaufbau der Burg Hohenzollern nach siebzehn Jahren Bauzeit beendet werden. Am 30. September 1867 legte Stillfried den offiziellen Schlussstein.

Am 3. Oktober 1867, dem Tag der feierlichen Einweihung, wurden König Wilhelm I. von Preußen die Schlüssel übergeben. Die Burg war mit elektrischem Licht illuminiert. In zahlreichen deutschen Zeitungen wurde über dieses Ereignis berichtet. Neben dem König war seine Frau Augusta anwesend, der preußische Kronprinz (der spätere Kaiser Friedrich III.), Fürst Karl Anton von Hohenzollern und seine Familie.

Das Gästebuch der Burg Hohenzollern trägt das Datum der Einweihung und ist mit der Aufschrift „Alleweg gut Zolre“ versehen.

Im Gegensatz zu den ersten beiden Burgen war der heutige Hohenzollern niemals als ständiger Wohnsitz

Wehrhaus und Christuskapelle am 10. Juli 1855.
Military house and the Chapel of Christ on July 10, 1855.
Bâtiment de défence et la châpelle du Christ le 10 juillet 1855.

Schreibtisch Friedrichs des Großen im Salon des Prinzen Louis Ferdinand mit Familienfotografien (nicht zugänglich).

Desk belonging to Frederick the Great in Prince Louis Ferdinand's Drawing Room (not open to the public).

Secrétaire de Frédéric le Grand dans le salon du prince Louis Ferdinand avec des fotos familales (pas accessible).

der Familie gedacht. Wilhelm I. besuchte zwar gelegentlich Hechingen und die Burg, logierte dann aber stets auf Schloss Lindich bei Hechingen. Sein Enkel Kaiser Wilhelm II. machte zumeist nur eine kurze Zwischenstation auf dem Familienstammsitz, wenn er sich auf dem Weg zur Jagd in Donaueschingen befand.

Obwohl von ihm lobende Worte über den Bau überliefert sind, scheint er von ihm nicht sonderlich angetan gewesen zu sein. Denn 1893 erteilte er dem Architekten Gabriel Seidl aus München den Auftrag, Entwürfe für einen Umbau zu erstellen. Seidls Urteil war vernichtend. Er hielt den Hohenzollern für vollkommen verpfuscht und sah die einzige Rettung in einem kompletten Wiederaufbau. Dazu ist es glücklicherweise nicht gekommen.

Nach dem Ende des Ersten Weltkrieges entsagte Wilhelm II. dem Thron und lebte bis zu seinem Tode 1941 im niederländischen Haus Doorn. Die ehemalige Kaiserfamilie besuchte die Burg nur noch selten.

Infolge des Zweiten Weltkrieges verlor die Familie endgültig ihre ostdeutschen und brandenburgischen Besitzungen; von den ehemaligen Ländereien blieb ihr weniger als ein Prozent übrig.

„Potsdam war uns verschlossen. Die meisten der Berliner Stätten, die Preußen nach außen sichtbar verkörperten, lagen im Ostsektor der Reichshauptstadt. Viele waren im Krieg zerstört, andere von den neuen Herren in Ostberlin nach 1945 abgetragen worden. Unsere Stammburg, die Burg Hohenzollern, war uns jedoch erhalten geblieben.“[13]

Eher zufällig wurde der Hohenzollern durch die historischen Ereignisse und die Tatsache, dass er zur französischen Besatzungszone gehörte, wieder mehr zum Bezugspunkt der Familie. Kronprinz Wilhelm von Preußen wurde im Frühjahr 1945 von französischen Truppen in Österreich festgenommen und erhielt die Auflage, seinen Wohnsitz innerhalb der französischen Besatzungszone zu wählen. So zog er zunächst bis zum Herbst auf die Burg und lebte dann bis zu seinem Tode 1951 in Hechingen. Seinem Wunsch entsprechend wurde er auf dem Hohenzollern im sogenannten „Offiziersgärtchen“ bestattet, wohin ihm 1954 seine Frau Cecilie folgte.

Obwohl sein Sohn Prinz Louis Ferdinand, der 1951 Chef des vormals regierenden Preußischen Königshauses wurde, seinen Wohnsitz in Bremen auf dem Wümmehof wählte, besuchte er häufig den alten Familienstammsitz.

Salon des Prinzen Louis Ferdinand (nicht zugänglich).
Prince Louis Ferdinand's Drawing Room (not open to the public).
Salon du prince Louis Ferdinand (pas accessible).

Grabstätten von Kronprinzessin Cecilie und Kronprinz Wilhelm, dahinter die Aschenurne des Kronprinzensohnes Hubertus (nicht zugänglich).

Graves of Crown Princess Cecilie and Crown Prince Wilhelm in the Officer's Garden (not open to the public).

Les tombes de la princesse héritière Cécilie et du prince héritier Guillaume et derrière tombe à urne de leur fils Hubertus.

Grabmal der Prinzessin Ina-Maria von Preußen im Offiziersgärtchen (nicht zugänglich).

Grave of Princess Ina-Maria of Prussia in the Officer's Garden (not open of the public).

La tombe de la princesse Ina-Maria de Prusse dans le jardin des officiers (pas accessible).

„Unsere Stammburg war mir in all den Jahren nach dem Zweiten Weltkrieg ans Herz gewachsen. Zusammen mit meiner Frau hatte ich sie im Jahre 1943 zum ersten Mal in meinem Leben besucht. Zu meiner Schande muß ich gestehen, daß ich mich für unsere schwäbische Urheimat und die Stammburg meiner Familie in all den voraufgegangenen Jahren nicht sonderlich interessiert hatte. Meine Kindheit und Jugend verbrachte ich ja in Berlin, Potsdam und in den preußischen Ostprovinzen. Dort lag unser ganzer Landbesitz. Durch den unglücklichen Kriegsausgang hatten wir den gesamten Besitz mit Ausnahme der sogenannten Prinzeninsel bei Plön in Holstein verloren. Dazu gehörten auch alle Schlösser, die unser Haus nach der Revolution von 1918 noch behalten hatte.

Nach 1945 war die Burg Hohenzollern das einzige uns noch verbliebene Schloss. Das Schicksal hatte die preußischen Hohenzollern an ihren Anfangsort zurückgeführt, von wo sie zum ‚Marsch durch die Geschichte' vor vielen hundert Jahren aufgebrochen waren.

(...) Nach der Beisetzung (des Kronprinzen, d. Verf.) sagte ich zu meiner Frau und den Kindern: ‚Unsere Stammburg, die wir all diese Jahre vernachlässigt haben, soll aus ihrem Dornröschenschlaf erwachen und zu einem lebendigen Mittelpunkt unseres Hauses und aller Deutschen gemacht werden. Ihr müßt mir alle dabei helfen.'

Dieser Traum ging in Erfüllung. Gemeinsam mit unseren schwäbischen Verwandten, die Miteigentümer der Burg sind, haben wir unsere Stammburg zu einem Zentrum der menschlichen Begegnung und des internationalen Tourismus entwickelt.“[14]

Im Hausarchiv des vormals regierenden Preußischen Königshauses auf der Burg Hohenzollern befinden sich zwei Schriftstücke, die uns über die Höhe der Eintrittspreise und der Löhne während der Inflation Auskunft geben.

Mit Datum vom 9. November 1923 wurde der damalige Schlossverwalter Sommer von der Generalverwaltung des Preußischen Königshauses darüber informiert, welche Eintrittspreise ab dem 17. November 1923 gelten sollten:

„ a	Inländer für jede Person	50 Millionen
b	Ausländer für jede Person	500 Millionen
c	Kinder bei geschlossener Führung in Klassen für jede Person	5 Millionen

Die Eintrittskarten sind in der Weise zu verwerten, daß Inländer und Kinder für jede Person eine Eintrittskarte und Ausländer für jede Person zehn Eintrittskarten zu lösen haben."

Zwei Wochen später wurde der Stundenlohn „für die dortigen Schloß. resp. Arbeitsfrauen vom 22. November ab auf 250 Milliarden Mark" erhöht.

Anmerkungen

1 Bothe, S. 10.
2 Eine exakte Definition der Begriffe Neugotik und Historismus möchte ich der Kunstgeschichte überlassen.
3 Stüler, S. 4.
4 Stribrny, S. 154.
5 Gers, Burg Hohenzollern, ohne Seitenangaben.
6 Zit. nach Preußen in Hohenzollern, S. 48/49.
7 Stüler, S. 7.
8 Gers, Burg Hohenzollern, ohne Seitenangaben.
9 Lindeiner-Wildau, S. 101.
10 Bothe, S. 195.
11 Schwarzwälder Bote, 31.1.1997.
12 Preußen in Hohenzollern, S. 160.
13 Louis Ferdinand, S. 336.
14 Louis Ferdinand, S. 378/379.

III „Suum cuique“ – Die Innenräume und Kunstgegenstände

Neben dem Wehrhaus führt eine überdachte Eingangstreppe in die Eingangshalle der königlichen Wohnung. Darüber befindet sich eine Statue des Grafen Jos Niklas von Zollern, die von Gustav Willgroß angefertigt wurde. Graf Jos Niklas trägt ein Modell der zweiten Zollerburg, als deren Bauherr er uns bereits begegnet ist, in der rechten Hand.

An der hölzernen Eingangstür befinden sich mehrere Figuren aus Holz, von denen nicht mit Sicherheit gesagt werden kann, ob sie bestimmte Personen darstellen oder ganz allgemein der Dekoration dienen.

Über der Eingangstür sieht man ein Relief, welches oben den Preußischen Königsadler, rechts den schwarz-weißen Zollerschild und links den Nürnberger Löwen darstellt. Die drei Wappen sind vom Schwanenorden umkränzt, der 1440 von Kurfürst Friedrich II. begründet wurde und die Marienverehrung zum Ziel hatte. Da jedoch in Brandenburg nach der Reformation der neue Glaube rasch Fuß fassen konnte und die Marienverehrung damit an Bedeutung verlor, erlosch der Orden schon um die Mitte des 16. Jahrhunderts, ohne jemals förmlich aufgehoben worden zu sein.

Statue des Grafen Jos Niklas I., Bauherr der zweiten Burg, über der Haupttreppe.

Statue of Count Jos Niklas I, owner-builder of the second castle.

Statue du constructeur et propriétaire du deuxième château: Jos Niklas I au dessus des escaliers principales d'entrée.

1 Stammbaumhalle

Die Eingangshalle war sozusagen das Aushängeschild eines Schlosses; sie vermittelte dem Besucher den ersten Eindruck und sollte ihn schon beim Betreten des Schlosses auf die Größe und Bedeutung seiner Bewohner hinweisen. Darum wurden die Eingangshallen zumeist ganz besonders prächtig und sorgfältig ausgestattet, vor allem bei Palästen in England und Italien.

Bei der Gestaltung der Eingangshalle der Burg Hohenzollern folgte man diesen historischen Vorbildern. Die Höhe des Raumes, der zwei Stockwerke umfasst, vermag den Gast ebenso zu beeindrucken wie der Stammbaum der Familie, der an den Wänden angebracht ist und eine lange Ahnenreihe, die bis weit ins frühe Mittelalter zurückreicht, aufführt.

Wir dürfen diesen Stammbaum nicht mit unserem heutigen Blick für historische und methodische Exaktheit betrachten. Sein Sinn lag nicht darin, eine wissenschaftlich fundierte Genealogie der Familie zu dokumentieren, sondern vielmehr in einer Selbstdarstellung der Hohenzollern, die – dem Zeitgeist folgend – auch urkundlich nicht belegte Verbindungen anbringen ließ, wenn sie dazu dienen konnten, den Glanz der Familie zu vergrößern.

So ist vor allem die Darstellung an der Wand zum Wehrhaus mit einigen Vorbehalten zu betrachten. Sie soll die Abkunft der Zollern von den Staufern belegen, die von den heutigen Historikern als durchaus möglich, aber nicht gesichert angesehen wird.

An der Süd- und Westwand der Eingangshalle ist der Stammbaum der Hohenzollern angebracht, wobei die Namen und Daten der schwäbischen Familienmitglieder in roten Kreisen verzeichnet sind, die der fränkisch-brandenburg-preußischen in dunkelblauen. Dieser Stammbaum benennt vor allem die regentenmäßige Abstammung, führt also in erster Linie die Herrscher auf. Diese waren stets männlich, denn das Salische Gesetz aus dem 14. Jahrhundert legte die ausschließliche Thronfolgeberechtigung des Mannesstammes fest und schloss – anders als zum Beispiel in England – die weiblichen Familienmitglieder aus.

Wenn wir trotzdem einige weibliche Namen in der Eingangshalle der Burg Hohenzollern entdecken, heißt das also nicht, dass hier Herrscherinnen aufgeführt worden wären. Diese Frauen wurden vielmehr verzeichnet, weil sie durch ihre Ehen die Verbindung zu besonders alten und ehrwürdigen Fürstengeschlechtern hergestellt haben.

Die Darstellung der Familiengeschichte beginnt an der Eingangswand, zeigt die Trennung in die beiden Hauptlinien und deren – nunmehr weitgehend getrennten – weiteren Werdegang. Sowohl die rote als auch die blaue Linie winden sich bis unter die Decke, um dann an der Seitenwand zum Grafensaal fortgesetzt zu werden, wo sie bis in die Balkenfelder unter der Decke und durch sie hindurch verlaufen.

Die blaue Linie verfolgt hier die Entwicklung der brandenburgischen Kurfürsten zu Preußischen Königen und Deutschen Kaisern. Sie endet im dritten Balkenfeld mit dem derzeitigen Chef des vormals regierenden Preußischen Königshauses, Prinz Georg Friedrich, der 1994 die Nachfolge seines verstorbenen Großvaters antrat.

Wie man sieht, wird der Stammbaum also bis in die heutige Zeit immer wieder aktualisiert.

Parallel dazu werden an der Seitenwand die Teilung der schwäbischen Linie und das Erlöschen im Mannesstamm des Hechinger Zweiges sowie der weitere Verlauf der Sigmaringer Linie und die Abspaltung des späteren rumänischen Königshauses 1866 mit Carol I. dargestellt. Die rote Linie endet im vierten Balkenfeld, wo Fürst Friedrich Wilhelm von Hohenzollern, der derzeitige Chef der schwäbischen Linie, verzeichnet ist.

Der Stammbaum ist mit Pflanzenornamenten, Wappenbildern sowie einem Adler und einem Engel, die Spruchbänder halten, geschmückt. Die Inschriften sollen einmal mehr den Werdegang der Zollern belegen. So finden wir über der Eingangstür ein Gedicht, das die reichlich komplizierten Verwandtschaftsverhältnisse sehr vereinfacht darstellt:

„Da Kurfürst Friedrich lobesam
Von Zollern seinen Ursprung nahm
Sind Preußens Kön'ge ruhmbekannt
Den Zollerfürsten stammverwandt."

Unter der Decke sind ringsherum 44 Wappen zu sehen, die für die einzelnen Gebietserwerbungen der Hohenzollern stehen. Das beginnt mit dem Erwerb der Grafschaft Zollern, die Rudolph von Stillfried in das Jahr 1000, einer fiktiven Jahreszahl, datiert und endet 1866 mit dem Erwerb von Hessen und Nassau.

Die Titelführung von Kaiser Wilhelm II. vermag uns einen Eindruck von den Gebietserwerbungen zu geben, die den Hohenzollern im Verlauf von rund 900 Jahren gelungen sind:

Deutscher Kaiser und König von Preußen,
Markgraf zu Brandenburg,
Burggraf zu Nürnberg,
Graf zu Hohenzollern,
souveräner und oberster Herzog von Schlesien wie auch der Grafschaft Glatz,
Großherzog von Niederrhein und Posen,
Herzog zu Sachsen, Westfalen und Engern, zu Pommern und Lüneburg, Holstein und Schleswig, zu Magdeburg, Bremen, Geldern, Clewe, Jülich und Berg sowie auch der Wenden und Kassuben, zu Krossen, Lauenburg, Mecklenburg,
Landgraf zu Hessen und Thüringen,
Markgraf der Ober- und Niederlausitz,
Prinz von Oranien,
Fürst zu Rügen, zu Ostfriesland, zu Paderborn und Pyrmont, zu Halberstadt, Münster, Minden, Osnabrück, Hildesheim, zu Verden, Kammin, Fulda, Nassau und Mörs,
gefürsteter Graf zu Henneberg,
Graf der Mark und zu Ravensberg, zu Hohenstein, Tecklenburg und Lingen, zu Mansfeld, Sigmaringen und Veringen,
Herr zu Frankfurt.

Die Eingangshalle ist nur spärlich möbliert. An den Wänden, die im unteren Bereich holzvertäfelt sind, befinden sich einfache Holzbänke und an der Seitenwand zum Wehrhaus ein Kamin. Der Erker gegenüber der Eingangstür, dessen Fenster die einzige Lichtquelle des Raumes darstellen, ist mit einem Tisch und zwei Bänken aus Holz ausgestattet. Die Erkerwände sind mit Statuen verziert, Abgüsse aus dem Kloster Heilsbronn in Mittelfranken, die Familienmitglieder aus der fränkischen Linie darstellen.

Links neben dem Erker befindet sich der ehemalige Aufgang in den Kaiserturm, der heute allerdings verschlossen ist und nicht mehr genutzt wird, rechts davon eine kleine Nische, die durch einen Vorhang vom übrigen Raum abgetrennt ist.

Die beiden Kronleuchter in der Stammbaumhalle bestehen aus Bronze und sind vergoldet. Jeder ist mit 81 Wachskerzen bestückt.

Über der Eingangstür ist das Datum 9. November 1893 verzeichnet. An diesem Tag hat Kaiser Wilhelm II. die Burg Hohenzollern zum ersten Mal besucht.

Der Durchgang zur Großfürstenwohnung im Wehrhaus, in der sich zwischen 1856 und 1919 zeitweise die Kommandantenwohnung befand, wird fast völlig durch eine große Kohlezeichnung von Arthur Kampf verdeckt. Es handelt sich dabei um die Vorstudie zu einem Ölgemälde auf Leinwand, das Kampf 1903 gemalt hat und das sich heute in Privatbesitz befindet. Er greift hier eine – historisch allerdings nicht verbürgte – Anekdote auf, wonach sich Friedrich der Große nach dem schrecklichen und verlustreichen Siebenjährigen Krieg in der Kapelle von Schloss Charlottenburg das „Te Deum" von Heinrich Graun angehört hat. In der linken Bildhälfte sehen wir Friedrich den Großen zusammengesunken in einem Sessel sitzen, den Kopf nachdenklich in die linke Hand gestützt. Er trägt einen Waffenrock, der dem, den wir später noch in der Schatzkammer sehen werden, ähnlich ist. Auf der Empore in der Mitte des Bildes befinden sich die Musiker.

Engel mit Spruchband neben der Eingangstüre zur Stammbaumhalle.
Angel next to the entrance of the Ancestral Hall.
Ange avec banderole à côté de la porte d'entrée du hall généalogique.

Stammbaumhalle, Teilansicht der Wand zum Grafensaal.
Ancestral Hall.
Partie du mur donnant sur la salle des comtes de l'hall généalogique.

Das zweite Gemälde in der Stammbaumhalle steht neben der Tür zum Grafensaal – ein außergewöhnliches Bild von Kaiser Wilhelm II. Im Gegensatz zu den zahlreichen Darstellungen, die uns den Kaiser militärisch in Uniform und mit Helm präsentieren, sehen wir ihn hier in Zivilkleidung. Dieses Gemälde wurde von dem ungarischen Maler Philipp Alexius László (1869–1937) gemalt. Von den zahlreichen Gemälden, die er zu Beginn dieses Jahrhunderts von der kaiserlichen Familie angefertigt hat, befinden sich noch weitere auf der Burg Hohenzollern.

Kaiserin Auguste Viktoria hat das Porträt des Kaisers von László, das sich heute in der Stammbaumhalle befindet, ihrer einzigen Tochter, Herzogin Viktoria Luise, vermacht. Viktoria Luise, die Großmutter der heutigen spanischen Königin Sophie, verfasste mehrere Bücher über die kaiserliche Familie und schenkte das Gemälde der Frau ihres Verlegers, die es wiederum Prinz Louis Ferdinand als Leihgabe für die Burg zur Verfügung stellte.

2 Grafensaal

An die Stammbaumhalle schließt sich der Grafensaal an, den man durch eine hohe, prächtig bemalte und vergoldete Tür betritt.

Der Grafensaal ist der Festsaal der Burg. Hier finden alljährlich die Konzerte der Prinzessin-Kira-von-Preußen-Stiftung statt, die von der verstorbenen Frau von Prinz Louis Ferdinand, Prinzessin Kira, ins Leben gerufen wurde. Sie hat es sich zur Aufgabe gemacht, Kindern aus Berlin einen jeweils zweiwöchigen Ferienaufenthalt auf der Burg zu ermöglichen. Seit der Öffnung des Ostens kommen auch zahlreiche Feriengäste aus Russland, vor allem aus Sankt Petersburg, die im zweiten Stock des Wehrhauses untergebracht sind.

Bis heute wird der Grafensaal für Familienfeierlichkeiten genutzt. Ein herausragendes Ereignis war die Hochzeit von Prinzessin Désirée von Hohenzollern mit dem Erbgrafen Heinrich zu Ortenburg 1990, bei der auch das schwedische Königspaar anwesend war,

Türe im Grafensaal.
Door to the Count's Hall.
Porte dans la salle des comtes.

Grafensaal.
Count's Hall.
Salle des comtes.

da Carl XVI. Gustaf ein Onkel der Braut ist. Ihre Cousine Stephanie von Hohenzollern hat den Grafensaal 1996 ebenfalls für ihre Hochzeitsfeier genutzt, zu der – neben ihrem Stiefvater, dem Schauspieler Fritz Wepper – zahlreiche bekannte Persönlichkeiten aus Film und Fernsehen erschienen sind.

Kaiserhalle.
Emperor's Hall.
Salle des empereurs.

Fussboden der zehneckigen Kaiserhalle: Solnhofner Platten und schwarz-weißer Marmor.

Flooring in the Emperor's Hall: Solnhof tiles and black and white marble.

Sol de la salle des empereurs à dix coins; dalles de solnhofer et du marbre noir et blanc.

Drei Grafensaalfenster vom Burghof aus gesehen.
Three windows of the Count's Hall, as seen from the castle yard.
Vue de la cour sur 3 fenêtres de la salle des comtes.

Bühne über dem Grafensaal. Über die Rollen werden die Kronleuchter herunter gelassen (nicht zugänglich).

Loft above the Count's Hall (not open to the public).

Galetas au dessus de la salle des comtes. Sur les poulies se font descendre les lustres de la salle des comtes.

Ebenso wie die Stammbaumhalle umfasst der Grafensaal zwei Stockwerke. Über der hohen dreischiffigen Halle erheben sich spitzbogige Gewölbe, die in einem kräftigen gelben Farbton gehalten und mit goldenen Ornamenten und bunten Pflanzen verziert sind. Säulen aus rötlichem Nassauer Marmor mit blattvergoldeten Kapitellen tragen das Kreuzrippengewölbe.

Durch die freistehenden Säulen entstanden rechts und links jeweils vier Nischen, deren Deckengewölbe einen dunkelblauen Anstrich erhielten. Jede Nische ist mit einem Eichentisch und fünf Stühlen, die mit rotem Samt überzogen sind, ausgestattet. In die Rückenlehnen der Stühle wurde der preußische Königsadler eingewebt. An den Wänden, die im unteren Bereich mit Eichenholz vertäfelt sind, befinden sich kleine Holzbänke mit Sitzpolstern aus rotem Samt.

Die hohen Fenster, die sich bis an die Decke erstrecken, sind im oberen Teil mit farbigen Malereien und Grisaillen versehen.

Der Fußboden besteht aus hell- und dunkelbraunen Solnhofener Platten, einem feinkörnigen Kalkstein, der vor allem im Süden der Fränkischen Alb verbreitet ist. Die rund 120 bis 130 Millionen Jahre alten Kalkplatten wurden vor allem abgebaut, um für Lithografieverfahren im Steindruck verwendet zu werden. Bemerkenswert sind die darin enthaltenen Fossilien, insbesondere des Urvogels Archaeopteryx lithographica, des bisher ältesten bekannten Vogels in der Erdgeschichte.

Die Ornamente zwischen den braunen Platten sind in Schwarz und Weiß – den Farben der Hohenzollern – gehalten und bestehen aus Marmor, der im norditalienischen Carrara gewonnen bzw. verarbeitet wurde.

Die sechs Kronleuchter des Grafensaales sind aus Bronze gefertigt und vergoldet. Bei festlichen Anlässen werden die 48 Wachskerzen, mit denen jeder Kronleuchter bestückt ist, angezündet. Zum Wechseln und Anzünden der Kerzen sowie zum Reinigen können die Kronleuchter an ihren Aufhängungen über Rollen, die sich auf der Bühne über dem Grafensaal befinden, bis auf den Boden heruntergelassen werden. Diese Arbeit wird in der Regel von zwei Personen ausgeführt: die eine steht auf der Bühne und kurbelt die Kronleuchter langsam und vorsichtig nach unten, während die andere im Grafensaal per Funkgerät die Anweisungen dazu gibt.

Im Grafensaal befinden sich zwei Kamine, die mit den Porträts von vier Hohenzollern geschmückt sind, die uns einmal mehr an den Werdegang der Familie erinnern sollen. Wenn wir den Raum von der Stammbaumhalle her betreten, sehen wir auf der linken Seite die Grafen Eitel Friedrich III. und Karl I. auf dem Kamin dargestellt. Auf dem Kamin am anderen Ende des Raumes sind die Porträts der Kurfürsten Friedrich I. und Albrecht Achilles von Brandenburg abgebildet.

Rechts neben der Tür zur Stammbaumhalle gelangen wir über zwei Stufen in die kleine zehneckige Kaiserhalle, über der sich der Kaiserturm erhebt. Kaiserturm und Kaiserhalle erhielten ihren Namen zum Gedenken an Kaiser Friedrich III. aus dem Hause Habsburg (1415–1493), der die Erlaubnis zum Wiederaufbau der Burg im 15. Jahrhundert erteilt hat. Von ihm und anderen deutschen Kaisern sind Statuen an den Pfeilern der Kaiserhalle angebracht. Außerdem wurden dort die Büsten der drei hohenzollerischen Kaiser Wilhelm I., Friedrich III. und Wilhelm II. aufgestellt.

Am anderen Ende des Grafensaales befindet sich neben der Tür zur Bibliothek die Bischofsnische, über der sich der höchste Turm der Burg, der Bischofsturm, erhebt, der 73 Meter hoch ist. Diese Nische soll an die geistlichen Würdenträger der Familie erinnern, die hier zum Teil in Wandmalereien, zum Teil als Statuen bildlich dargestellt werden.

3 Bibliothek

Dem Grafensaal schließt sich die Bibliothek an. Sie wurde hier vor allem als Zwischenraum eingerichtet, der die Repräsentationsräume – Stammbaumhalle und Grafensaal – von den Wohn- und Schlafräumen trennen sollte. Daher entspricht die Bibliothek nicht unbedingt dem, was der Besucher vielleicht erwarten mag, der aus anderen Schlössern große Bibliotheken mit hohen Bücherschränken, zahlreichen Büchern und Schreibtischen kennt.

Der Raum ist klein und schmal. In den rund 1,40 Meter hohen, handgeschnitzten Eichenschränken befanden sich in erster Linie Unterlagen, die im Zusammenhang mit dem Bau der dritten Burg standen: genealogische Forschungen und architektonische Entwürfe. Diese sind heute im Hausarchiv des vormals regierenden Preußischen Königshauses untergebracht, das sich im Markgrafenturm der Burg Hohenzollern befindet. Die umfangreichen Buchbestände der Hohenzollern befanden sich damals in ihren Schlössern in Berlin und Potsdam.

Dieser Raum ist also weniger als Bibliothek oder aufgrund seiner Bücher interessant, sondern besticht durch seine Wandmalereien, die von dem Historienmaler Wilhelm Peters stammen. Während sich das „Bildprogramm" der Repräsentationsräume der Geschichte der Familie widmet, zeigen die Wandgemälde in der Bibliothek Sagen und historische Ereignisse im Zusammenhang mit den ersten beiden Burgen und gehen ebenfalls auf Ideen von Stillfried zurück.

Ebenso wie dem Stammbaum in der Eingangshalle dürfen wir uns diesen Wandmalereien nicht unter dem wissenschaftlichen Blickwinkel unseres Jahrhunderts nähern. Die Darstellungen entsprechen nicht unbedingt immer den historischen Begebenheiten, sondern sind teilweise geschönt und zurechtgebogen, um kein negatives Licht auf die Hohenzollern fallen zu lassen. Stillfried wollte hiermit die Familie noch mehr glorifizieren und die weniger ruhmvollen Ereignisse ausblenden oder in ruhmvolle umwandeln.

Es wäre falsch, Stillfried einfach als „Geschichtsklitterer“ zu betrachten. Er folgte nur dem Geist der Zeit, die das Mittelalter und die Geschichte der fürstlichen Familien romantisieren wollte. Jedes Geschlecht war bestrebt, sich möglichst vorteilhaft darzustellen, und übertrieb in diesem Bestreben zuweilen die eigenen Verdienste. Daher erwartete der Betrachter des 19. Jahrhunderts hier keine historisch fundierten Darstellungen.

Rechts neben der Tür wird eine alte hohenzollerische Sage dargestellt, nach der ein Knappe von Friedrich dem Oettinger auf einen Bildstock geschossen hat und dafür mit dem Tode bestraft wurde.

Gegenüber sehen wir die Engel, die das Kirchlein Maria Zell ins Tal tragen.

Das Bild daneben vermischt Legende und tatsächliche Geschichte. Es zeigt die „Maid aus dem Steinlachtal“, die Geliebte des Burggrafen Friedrich, die Munition und Medikamente durch die feindlichen Linien auf die belagerte Burg bringt. Der Maler Peters hat sie als weiße Frau dargestellt, eine Sagenfigur, die angeblich stets dann erscheint, wenn ein Mitglied der Familie Hohenzollern stirbt. Diese Legende geht auf eine verwitwete Gräfin von Orlamünde zurück, die in zweiter Ehe Albrecht von Hohenzollern heiraten wollte. Seine Eltern waren jedoch mit der Braut nicht einverstanden, und so sagte er ihr, dass der Vermählung „vier Augen im Wege“ stünden. Sie glaubte, damit wären ihre beiden Kinder aus erster Ehe gemeint und brachte diese um. Eine Pilgerreise und die Gründung eines Klosters retteten sie vor der Todesstrafe. Bis zu ihrem Tode wurde sie in einem Kloster eingesperrt und verfluchte die Familie Hohenzollern.[1]

Graf Eitel Friedrich II. und Magdalena von Brandenburg. Abguss einer Grabplatte in der Bibliothek.

Count Eitel Friedrich II and Magdalena of Brandenburg.

Le comte Eitel Frédéric II et Magdalena de Brandebourg. Moulage d'une pierre tombale dans la bibliothèque.

Bibliothek, Wappen der Hohenzollern über der Türe.
Library, with the Hohenzollern Coat of Arms above the door.
Bibliothèque: Armoirie au dessus de la porte.

Bibliothek.
Library.
Bibliothèque.

Wandgemälde in der Bibliothek: „Maria Zell unter dem Zollerberge wird von Engeln gegründet."

Mural in the Library depicting an old legend.

Peinture de mur dans la bibliotheque: La chapelle Maria Zell au dessus de la montagne du Zoller est fondée par des anges.

Wandgemälde in der Bibliothek: „Die treue Maid aus der Steinlach schreitet durch das Lager der Feinde."

Mural in the Library depicting a legend dating back to the time of the first castle.

Peinture de mur dans la bibliothèque: La fidèle jeune fille de Steinlach traversant le camp énemis.

Wandgemälde in der Bibliothek: „Friedrich der Öttinger schlägt sich durch den Tross der Belagerer. 1423."

Mural in the Library depicting the siege in 1423.

Peinture de mur dans la bibliothèque: Frédéric nommé le «Öttinger» travers le grand barrage des assiègents (1423).

Wandgemälde in der Bibliothek: „Jos Niklas legt den Grundstein zum Neubau der Burg im Beisein Fürstlicher Freunde." (1454)
Mural in the Library of Jos Niklas at the laying of the foundation-stone for the second castle in 1454.
Peinture de mur dans la bibliotèque: Pose de la première pierre du deuxième château par Jos Nikolas avec ses amis princiés (1454).

Wandgemälde in der Bibliothek:
„Kaiser Friedrich III. und Eleonora von Portugal auf Zollern 1466."

Mural in the Library depicting an old legend.

Peinture de mur dans la bibliothèque: Empereur Frédéric III avec Eléonora du Portugal au Zollern (1466).

Die folgende Wandmalerei bezieht sich auf die Belagerung und Zerstörung der ersten Burg im Jahr 1423. Im Vordergrund sieht man Burggraf Friedrich den Oettinger, der sich durch den feindlichen Belagerungsring schlägt, links im Hintergrund in Rüstung und zu Pferde Gräfin Henriette von Württemberg, dahinter die brennende Burg. In Wahrheit spielte sich die Flucht des Oettingers wesentlich weniger dramatisch ab. Er hat die Burg in der Nacht unbemerkt verlassen.

Möglicherweise sollte diese Darstellung ein Gegengewicht zu einem Gemälde von Anton Gegenbauer im neuen Schloss in Stuttgart setzen, das die Festnahme des Oettingers durch Henriette von Württemberg zeigt. Dass die von Gegenbauer dargestellte Szene ganz offensichtlich die Gemüter bewegen konnte, dafür spricht eine Anekdote, die Hansmartin Decker-Hauff überliefert hat: „Dieses Bild war auf eine Wand im Stuttgarter Neuen Schloß gemalt, und eine Dekanswitwe sagte im vorigen Jahrhundert von ihm, als wir unter Preußen so sehr litten: ‚Ach, des Bild isch a rechte Herzensstärkung.'"[2]

Das Bild daneben zeigt die feierliche Grundsteinlegung zum Bau der zweiten Burg durch Graf Jos Niklas. Ganz vorne ist ein kleines Modell der Burg dargestellt, dahinter der Grundstein mit der Jahreszahl 1452. Hier hat sich der Historienmaler Peters allerdings geirrt, denn die Grundsteinlegung fand erst 1454 statt. Neben dem Grundstein sehen wir Graf Jos Niklas leicht gebückt, einen Hammer in der Hand haltend. Er ist von zahlreichen Menschen umringt, Darunter auch der Kurfürst von Brandenburg und der Markgraf von Baden, die allerdings beide mit Sicherheit nicht an der Zeremonie teilgenommen haben. Im Hintergrund sehen wir einen fast fertig gebauten Turm, noch eingerüstet, von dem die schwarz-weiße Zollernfahne weht.

Das nächste Wandgemälde soll zeigen, wie sehr Kaiser Friedrich III. den Zollerngrafen Jos Niklas geschätzt hat. Um dies zu verdeutlichen, hat Rudolph von Stillfried eine Szene erfunden, die in Wirklichkeit niemals stattgefunden hat, nämlich einen Besuch des Kaisers mit seiner Frau Eleonora von Portugal auf der Burg 1466.

Das Bild zeigt die Ankunft und Begrüßung des Kaiserpaares am Burgtor, unter dem Rudolph von Stillfried steht.

Auch das nächste Gemälde entspricht nicht den historischen Tatsachen. Den dargestellten Kampf von Markgraf Albrecht Achilles gegen die Reichsstädte hat es so nicht gegeben. Sinn der Darstellung ist es, den Markgrafen als mächtigen Beschützer der schwäbischen Zollern vorzustellen, der gegen die Reichsstädte kämpft und sie 1453 „demüthigt", nachdem sie die Burg zerstört haben und ihren Wiederaufbau verhindern wollen. Das Bild vermittelt den Eindruck, er hätte sie besiegt und damit den Weg zum Wiederaufbau geebnet.

Das letzte Wandgemälde zeigt die Vermählung von Graf Eitel Friedrich II. von Zollern, dem Sohn von Graf Jos Niklas, mit Magdalena von Brandenburg, einer Nichte von Albrecht Achilles, die 1482 auf der Zollerburg stattfand. Eitel Friedrich II. wurde am Hof des Markgrafen und späteren Kurfürsten von Brandenburg erzogen. Die Wandmalerei soll die enge familiäre Verbundenheit verdeutlichen.

Bei einer weiteren Darstellung von Eitel Friedrich II. und Magdalena in der Bibliothek handelt es sich um den Gipsabdruck einer Bronzegrabplatte in der Hechinger Stiftskirche, die 1512 von Peter Vischer aus Nürnberg angefertigt wurde und deren Vorlage vielleicht sogar von Albrecht Dürer stammt.

Das Ehepaar ist in Lebensgröße dargestellt. Eitel Friedrich II. trägt eine Rüstung und den Orden vom Goldenen Vlies. In der rechten Hand hält er ein Schwert, in der linken einen Rosenkranz. Über ihm befindet sich das Zollernwappen, das vom Orden vom Goldenen Vlies umgeben ist. Magdalena trägt den Schwanenorden. Über ihr sehen wir den brandenburgischen Adler, vom Schwanenorden umkränzt. Zwischen den beiden ist das Wappen des Reichserbkämmerers, zwei gekreuzte Zepter, dargestellt.

Wandgemälde in der Bibliothek: „Albrecht Achill demüthigt die Reichsstädte. 1453."

Mural in the Library depicting an old legend.

Peinture de mur dans la bibliothèque: Albrecht Achill humillie les villes de l'état (1453).

Wandgemälde in der Bibliothek: „Eitel Friedrich II. und Magdalene von Brandenburg. 1482."

Mural in the Library of Eitel Friedrich II and Magdalena of Brandenburg.

Peinture de mur dans la bibliothèque: Eitel Frédéric II et Magdalene de Brandebourg (1482).

Das Amt des Erbkämmerers oder Erbschatzmeisters war eine hohe Auszeichnung und gehörte zu den erblichen Hofämtern im Heiligen Römischen Reich. Die Inhaber der Erbämter versahen tatsächlich den Dienst bei Hofe anstelle der Inhaber der Erzämter, die reine Ehrenämter waren.

Zwischen den Historiengemälden in der Bibliothek sind allegorische Figuren – unter anderem Sage und Geschichte – dargestellt, darunter in Medaillons die Architekten der heutigen Burg Hohenzollern.

Auf der gegenüberliegenden Seite sind Wandbänke und kleine Holztische angebracht, denen jeweils ein Fenster vorgelagert ist.

Anmerkungen

1 Von dieser Sage sind verschiedene Versionen überliefert. Ich berufe mich hier auf die Darstellung in „Burg Lauenstein“, S. 39.

2 Decker-Hauff, S. 34.

4 Markgrafenzimmer

Von der Bibliothek gelangen wir durch einen kleinen Durchgang ins Markgrafenzimmer. An seinen Wänden sind zwei sehr bedeutende Orden zu sehen: der Schwanenorden, dem wir bereits am Haupteingang der Burg begegnet sind, und der Schwarze Adlerorden, von dem später noch die Rede sein wird.

Über dem Markgrafenzimmer erhebt sich der Markgrafenturm. Beide erhielten ihren Namen zum Gedenken an Markgraf Albrecht Achilles, den späteren Kurfürsten von Brandenburg, der sich für den Wiederaufbau der Burg im 15. Jahrhundert stark gemacht hat.

Der Raum ist zehneckig. Seine Wände sind bis zur Höhe von rund 1,50 Meter mit Eichenholz vertäfelt. Die scheinbare Eichenholzvertäfelung darüber ist lediglich eine geschickte Imitation. Über den dünnen hölzernen Ecksäulen sind Figuren eingearbeitet, die Herolde darstellen, welche die Wappenbilder der einzelnen preußischen Provinzen tragen und von kleinen Baldachinen überwölbt sind.

Die Möblierung besteht aus einer Polsterbank und mehreren Sesseln, die mit grünem Stoff bezogen sind, der in derselben Farbe wie die Vorhänge gehalten ist. Zu dieser originalen Ausstattung des Raumes gehörte früher auch ein Holztisch, der sich heute im Schlafzimmer des Königs befindet.

Das Markgrafenzimmer war ursprünglich als Salon des Königs gestaltet und mit einem runden Tisch ausgestattet. Der Austausch dieses Tisches gegen einen Schreibtisch hat den Charakter des Raumes verändert, der nun mehr einem Arbeitszimmer gleicht. Es ist nicht ganz sicher, wann der Austausch der beiden Möbelstücke vorgenommen wurde, vermutlich aber nach dem Zweiten Weltkrieg, als Kronprinz Wilhelm von Preußen auf dem Hohenzollern wohnte und das Markgrafenzimmer als Arbeitszimmer nutzte. Der Schreibtisch ist ein herausragendes Stück und wurde um die Jahrhundertwende angefertigt. Er stammt aus der Mecklenburgischen Wohnung des zerstörten Berliner Stadtschlosses, von dem später noch die Rede sein wird.

In der Mitte des Schreibtisches befindet sich das Gästebuch der Burg Hohenzollern mit der Aufschrift: „Alleweg gut Zolre“. Es trägt das Datum der Einweihung der heutigen Burg: 3. Oktober 1867. An diesem Tag erfolgte auch der erste Eintrag durch den damaligen König Wilhelm I. von Preußen und späteren Deutschen Kaiser. Dieses Gästebuch wird heute noch bei großen Gelegenheiten aufgelegt. Wir finden darin auch die Unterschrift von Bundeskanzler Helmut Kohl, der die Burg anlässlich des 200. Todestages von Friedrich dem Großen 1986 besucht hat.

Daneben befinden sich einige Fotografien der Familie auf dem Schreibtisch. Ganz rechts sehen wir eine Aufnahme von Kronprinz Wilhelm von Preußen aus dem Jahre 1950.

Das Bild daneben zeigt seinen Enkel Prinz Louis Ferdinand junior bei einer Wehrübung im Jahre 1976. Ein

Markgrafenzimmer – Margrave's Room – Salle des margraves.

Jahr später rückte der Prinz zu einer weiteren Wehrübung ein. Dabei geriet er bei einer Verladeübung zwischen zwei Schützenpanzer und erlag zwei Monate später seinen lebensgefährlichen Verletzungen. Aufgrund seiner ebenbürtigen Ehe mit Gräfin Donata zu Castell-Rüdenhausen war er von seinem Vater Prinz Louis Ferdinand zu seinem Nachfolger als Chef des vormals regierenden Preußischen Königshauses bestimmt worden, obwohl er „nur" der drittälteste Sohn war. Seine beiden älteren Brüder haben nicht ebenbürtig geheiratet und

Schreibtisch im Markgrafenzimmer, um 1900, mit Familienfotografien.
Desk in the Margrave's Room, dating from around 1900.
Secrétaire env. 1900 dans la salle des margraves avec des photos familiales.

sind daher von der Nachfolge ausgeschlossen – so verlangt es das Hausgesetz.

Die fürstlichen Familien haben sich eigene Hausgesetze geschaffen, die die Frage der standesgemäßen Heirat und der damit verbundenen Nachfolge regeln. Dabei hat jedes Haus sein eigenes Gesetz. In manchen – man denke nur an die Königin von Schweden – hat die Ehe mit einer „Bürgerlichen" keine Konsequenzen, in den meisten jedoch führt eine nicht ebenbürtige Ehe automatisch zum Ausschluss von der Thronfolge.

Der frühe Tod seines dritten Sohnes veranlasste Prinz Louis Ferdinand, dessen Sohn, Prinz Georg Friedrich, zum Nachfolger als Chef des vormals regierenden Preußischen Königshauses zu bestimmen. Beide sind auf einer Fotografie aus dem Jahre 1984 zu sehen, die auf der linken Seite des Schreibtisches steht.

Die Aufnahme daneben zeigt die Kaiserliche Familie kurz vor Ausbruch des Ersten Weltkrieges. Sie wurde anlässlich des 25-jährigen Thronjubiläums von Kaiser Wilhelm II. 1913 in Potsdam aufgenommen.

Ein Gemälde über der Tür zum Schlafzimmer des Königs stellt Kurfürst Friedrich Wilhelm von Brandenburg dar. Obwohl er noch kein „echter Preuße" war – erst sein Sohn sollte 1701 erster König in Preußen werden –, darf man ihn als einen der wesentlichen Begründer des preußischen Staates und seiner Toleranz in religiösen Fragen betrachten. Als 1685 unter dem Sonnenkönig Ludwig XIV. das Edikt von Nantes aufgehoben wurde, das 1598 unter Heinrich IV. den französischen Hugenotten Glaubensfreiheit im katholischen Frankreich zugesichert hatte, und zahlreiche Protestanten aus Frankreich flohen, gewährte ihnen Friedrich

Wilhelm im Edikt von Potsdam 1685 Zuflucht in Brandenburg.

Man darf annehmen, dass der kluge Kurfürst nicht ganz uneigennützig handelte, brachten doch die Hugenotten wesentliche Impulse auf künstlerischem und wirtschaftlichem Gebiet in das „Entwicklungsland" Brandenburg, das noch immer unter den Folgen des 30-jährigen Krieges zu leiden hatte. Gleichwohl gehörte sehr viel Mut für den Herrscher des damals noch recht unbedeutenden Landes dazu, sich durch die Aufnahme der Flüchtlinge gegen den mächtigen französischen König zu stellen.

Schon einmal hatte Kurfürst Friedrich Wilhelm dem einflussreichen Ludwig XIV. die Stirn geboten, als er die mit Frankreich verbündeten Schweden 1675 in der Schlacht bei Fehrbellin (nordwestlich von Potsdam gelegen) schlug. Seit diesem Sieg wird er als der Große Kurfürst bezeichnet.

Das andere Gemälde im Markgrafenzimmer zeigt seinen Enkel, König Friedrich Wilhelm I. in Preußen, im Krönungsornat. Er trägt eine Rüstung, darüber den hermelinverbrämten Königsmantel und die Preußische Königskrone von 1701, also die Krone, mit der sich sein Vater zum ersten König in Preußen gekrönt hatte.

Friedrich I. hatte seinem Sohn ein armes Land hinterlassen. Friedrich Wilhelm I. war fest entschlossen, Preußen zu einem entwickelten Staat zu machen, was nur mit unnachsichtiger Härte, ja teilweise Grausamkeit, gegen sich selbst, die eigene Familie und die Untertanen gelingen konnte. Schon zu Lebzeiten wurde er deshalb heftig kritisiert: „Man muß bekennen, daß, verglichen mit dem von Friedrich-Wilhelm praktizierten Despotismus, die Türkei eine Republik ist"[1], schrieb der französische Philosoph Voltaire, der einige Zeit am preußischen Hof verbracht hatte.

„Der Monarch verließ dieses Schloß zu Fuß, in einem schäbigen Rock aus blauem Tuch mit Messingknöpfen, der ihm bis an die halben Schenkel reichte; und wenn er sich einen neuen Rock anschaffte, ließ er die alten Knöpfe verwenden. In diesem Anzug, mit einem dicken Feldwebelknüppel bewaffnet, nahm Seine Majestät täglich die Parade über sein Riesenregiment ab. (...) Wenn Friedrich Wilhelm die Parade abgenommen hatte, spazierte er durch seine Stadt; jedermann ergriff schleunigst die Flucht: wenn er einer Frau begegnete, fragte er sie, warum sie ihre Zeit auf der Straße vertrödle: ‚Scher dich heim, Weib; eine anständige Frau gehört ins Haus.' Und er begleitete diese Ermahnungen mit einer saftigen Ohrfeige, mit einem Fußtritt in den Bauch oder mit ein paar Stockschlägen. So traktierte er auch die Diener des heiligen Evangeliums, wenn es sie gelüstete, die Parade zu sehen."[2]

Der Aufbau des Militärs, die Einführung der Wehrpflicht für die Söhne der Bauern und Kleinbürger – wovon die erstgeborenen ausgenommen waren – und die „Langen Kerls", Soldaten, die die für die damalige Zeit stattliche Größe von mindestens 1,86 Metern aufwiesen, brachten Friedrich Wilhelm I. den Beinamen „Soldatenkönig", obwohl er niemals einen Krieg geführt hat.

Anmerkungen

1 Voltaire, S. 8–9.
2 Voltaire, S. 9–10.

5 Schlafzimmer des Königs

Das Schlafzimmer des Königs ist ein sehr kleiner Raum mit einem Fenster und einem Kamin. Die Mobiliar-Ausstattung besteht aus einem verspiegelten Holzschrank, dem Bett, einem Scherensessel und dem Holztisch, der sich ursprünglich im Markgrafenzimmer befand. Die Bettvorhänge und der Bettüberzug bestehen aus demselben roten Stoff wie der Überzug des Sessels. Da dieser rote Stoff in keinem anderen Raum der Burg anzutreffen ist, kann man annehmen, dass auch der Sessel zur originalen Einrichtung des Schlafzimmers gehört.

Schlafzimmer des Königs.
King's Bedroom.
Chambre à coucher du roi.

Ansonsten lässt sich die ursprüngliche Mobiliar-Ausstattung nicht mehr sicher nachvollziehen, da der Raum bis zu einem gewissen Grad seinen eigentlichen Charakter eingebüßt hat. Auf dem Tisch befinden sich sechs Teile eines Reise-Waschservices von Kaiser Wilhelm I., das von der Firma Villeroy und Boch angefertigt wurde. Jedes Stück ist mit dem Monogramm des Kaisers versehen.

Darüber sehen wir ein großes Ölgemälde, das Kronprinz Wilhelm im Alter von 21 Jahren zu Pferde dar stellt. Es trägt die Signatur: „Nach dem Leben gemalt 22.X.1903 Hans Korvnatzki."

Das Bild über der Tür zum Ankleidezimmer des Königs zeigt Kaiser Wilhelm II. und stammt von P. A. László, der es um 1908/1910 malte. Dieses Porträt des Kaisers ist ebenso ungewöhnlich und eigenwillig wie jenes, das wir bereits in der Stammbaumhalle gesehen haben und das ebenfalls von László angefertigt wurde.

Ein kleiner Stich neben der Tür zum Markgrafenzimmer zeigt das Renaissance-Schloss Oels, das heute zu Polen gehört. Es war 1884 nach mehreren Besitzerwechseln an Preußen gefallen und stand seither dem jeweiligen preußischen Kronprinzen als Wohnsitz zur Verfügung. Nach dem Ende der Monarchie und einigen Jahren im niederländischen Exil lebte Kronprinz Wilhelm ab 1923 abwechselnd auf Schloss Cecilienhof bei Potsdam und Schloss Oels, das ihm 1926 von der Regierung der Weimarer Republik als Privateigentum übergeben wurde.

Das Aquarell über dem Durchgang zum Markgrafenzimmer, das im Ersten Weltkrieg an der Westfront entstand, stellt Kronprinz Wilhelm in der Uniform des Re-

Kamin im Schlafzimmer des Königs.
Fireplace in the King's Bedroom.
Cheminée dans la chambre à coucher du roi.

giments der Oelser Jäger dar. Neben anderen Orden trägt er auch den vom Schwarzen Adler. Auf der Rückseite des Bildes befindet sich der schriftliche Vermerk: „Kronprinz in Oelser Jäger-Uniform. Im Schloss Belair-Charleville im Oktober 1916 gezeichnet und vom Deutschen Kronprinzen, da es nach seinem Wunsch ausgefallen, handschriftlich unterzeichnet."

6 Bilderkabinette

Die drei folgenden Räume – Ankleidezimmer des Königs, Ankleidezimmer der Königin und Schlafzimmer der Königin – sind nicht mehr als Wohnräume eingerichtet, sondern wurden zu Bilderkabinetten umgestaltet.

Über die originale Ausstattung der Räume lässt sich nur wenig sagen. Die Möbel wurden entfernt und die ursprünglichen Tapeten, die handgemalt gewesen sein sollen, sind nicht mehr vorhanden.

Die Gemälde, die in den Bilderkabinetten ausgestellt sind, gehören nicht zur originalen Ausstattung der Burg. Sie befanden sich – ebenso wie fast alle Gemälde, die heute in den Führungsräumen zu sehen sind – ursprünglich in den Schlössern von Berlin und Potsdam und kamen erst nach dem Zweiten Weltkrieg auf den Hohenzollern.

Im ehemaligen Ankleidezimmer des Königs befindet sich heute ein Teil der Edwin-von-Campe-Sammlung. Es handelt sich dabei um zeitgenössische Porträt-Stiche, die Friedrich den Großen zeigen. Sie stammen unter anderem von Daniel Chodowiecki, einem Zeichner und Radierer polnischer Abstammung, der 1726 bis 1801 lebte und auch das bürgerliche Alltagsleben seiner Zeit geschildert hat. Andere Stiche gehen auf den damaligen Hofmaler Antoine Pesne zurück, von dem später noch die Rede sein wird.

In verschiedenen Privaträumen der Burg befinden sich weitere Stiche der Edwin-von-Campe-Sammlung, eini-

Porträtstich Friedrichs des Großen aus der Edwin-von-Campe-Sammlung.
Frederick the Great.
Portrait graver de Frédéric le Grand de la collection Edwin-von-Campe.

gen werden wir später auch noch in der Schatzkammer begegnen.

Die Statue im Ankleidezimmer des Königs zeigt Friedrich den Großen in einem Waffenrock mit Dreispitz und Krückstock, rechts und links neben ihm seine Hunde „Alkmene" und „Hasenfuss". Sie besteht aus weißem Porzellan und wurde um 1812 in der Königlichen Porzellan-Manufaktur in Berlin angefertigt. Der Entwurf stammt von dem deutschen Bildhauer Johann Gottfried Schadow (1764–1850), einem Vertreter des deutschen Klassizismus. Zu seinen bedeutendsten Werken gehört die Quadriga auf dem Brandenburger Tor in Berlin, deren Original allerdings 1950 entfernt und einige Jahre später durch eine Kopie ersetzt wurde.

Ebenso wie das Ankleidezimmer des Königs enthält auch das der Königin heute kein Mobiliar mehr.

Neben einem grünen Kachelofen, der zu den wenigen Öfen gehört, die noch auf der Burg vorhanden sind, und einer Statue aus Bronze, die Friedrich Wilhelm IV. von Preußen zeigt, sehen wir sieben Gemälde, die das Berlin des 18. und 19. Jahrhunderts darstellen. Nach dem italienischen Wort „veduta" für Ansicht bezeichnet man diese als Veduten. Darunter versteht man die topografisch getreue Wiedergabe eines Stadtpanoramas oder einer Landschaft mit geringer perspektivischer Wirkung.

Vier kleinere Bilder stammen von dem Landschaftsmaler Philipp Hackert (1737–1807), der teilweise in Rom und Neapel lebte. Dort lernte er 1787 Goethe auf seiner ersten Italienreise kennen und pflegte seither eine freundschaftliche Beziehung mit ihm. Hackert wurde der Zeichenlehrer von Goethe, der ein begeisterter Hobbymaler war, und schrieb auf dessen Anregung hin seine Autobiografie, die von Goethe redigiert worden ist. Hackerts Veduten sind Ansichten aus dem Berliner Tiergarten und befanden sich ursprünglich in Schloss Sanssouci in Potsdam.

Das Bildnis des Berliner Stadtschlosses stammt von dem Landschafts- und Vedutenmaler Maximilian Roch (1792 – nach 1862) und wurde um 1830 gemalt.

Den Grundstock zum späteren Berliner Stadtschloss legte 1443 Kurfürst Friedrich II. von Brandenburg durch den Bau einer Wasserburg im damaligen Cölln, die knapp hundert Jahre später unter Kurfürst Joachim II. im Renaissance-Stil umgebaut und erweitert wurde. Unter dem Großen Kurfürsten und König Friedrich I. entstanden am Ende des 17. und zu Beginn des 18. Jahrhunderts die barocken Teile des Schlosses. Im Laufe der Zeit hat es noch zahlreiche Um- und Erweiterungsbauten erlebt. Viele namhafte Künstler haben daran gearbeitet, unter anderem auch August Stüler, dem wir bereits als einem der Architekten der Burg Hohenzollern begegnet sind.

Das Berliner Stadtschloss wurde im Zweiten Weltkrieg schwer beschädigt und 1950 trotz internationaler Proteste auf Veranlassung der SED-Regierung gesprengt. Lediglich ein Balkon davon blieb erhalten und wurde in das Staatsratsgebäude integriert. Von diesem Balkon aus hat Karl Liebknecht am 9. November 1918 die Sozialistische Republik proklamiert. An der Stelle des Stadtschlosses befindet sich heute der Palast der Republik.

Ein großes Gemälde von Wilhelm Brücke (1800–1874) aus dem Jahre 1838 zeigt die Berliner Prachtstraße „Unter den Linden" mit Blick auf das Stadtschloss. Ein weiteres Bild desselben Malers stellt das Zeughaus und die Neue Wache dar.

Nach den Befreiungskriegen der europäischen Mächte gegen Napoleon I. (1813–1815), die für den Korsen mit der legendären Niederlage von Waterloo (Belle-Alliance) und der Verbannung nach Sankt Helena endeten, wurden in Preußen zahlreiche Neubauten errichtet. Von 1816 bis 1818 entstand nach den Plänen des Architekten Karl Friedrich Schinkel die Neue Wache in Berlin im klassizistischen Baustil. Dort wurde 1931 ein Denkmal für die Gefallenen des Ersten Weltkrieges eingerichtet. Nach den schweren Zerstörungen des Zweiten Weltkrieges entstand in der renovierten Neuen Wache, die nun zum Ostsektor der Stadt gehörte, ein Mahnmal für die Opfer des Faschismus und des Militarismus.

Das Zeughaus wurde in den Jahren 1695 bis 1706 durch verschiedene Architekten erbaut. Ursprünglich waren Zeughäuser oder Arsenale reine Nutzbauten, in denen Waffen und sonstiges Kriegsmaterial aufbewahrt wurden; erst seit der Renaissance wurden sie als Repräsentationsbauten errichtet. So ist auch das Berliner Zeughaus reich mit plastischem Figurenschmuck, Säulen, Balustraden und sonstigen Ausschmückungen ausgestattet, die ihm eher den Charakter eines Palastes geben.

Ein kleines, fast unscheinbares Bild über dem Durchgang fällt etwas aus dem Rahmen, den das Ankleidezimmer der Königin heute hat. Es handelt sich um eine Kreidezeichnung von Franz Lenbach, ein Porträt von Kaiser Wilhelm I.

Das ehemalige Schlafzimmer der Königin enthält heute eine kleine Sammlung von Familienporträts, die zum größten Teil von Antoine Pesne (1683–1757) stammen, einem der bedeutendsten Rokokomaler Deutschlands, der sich auch als Historienmaler einen Namen gemacht hat. Seit 1710 lebte er mit seiner Familie in Berlin, wo er bis zu seinem Tode als Hofmaler tätig war.

Von Friedrich dem Großen hat er zahlreiche Porträts angefertigt, die vor allem in den glücklichen Jahren entstanden, die er als Kronprinz in Schloss Rheinsberg verbringen durfte.

In dieser Zeit entstand auch das große Ölgemälde des Kronprinzen, das ihn im Alter von 24 Jahren zeigt und im Auftrag seiner Schwester Wilhelmine 1736 angefertigt wurde. Die beiden Geschwister waren sich stets sehr nahe gestanden und Wilhelmine wünschte sich nun, fünf Jahre nachdem sie ihre Vermählung mit dem späteren Markgrafen von Bayreuth 1731 aus Berlin weggeführt hatte, ein neues Bild von ihrem Lieblingsbruder. Es ist nicht ganz sicher, wie das Gemälde später in das Ludwigsburger Schloss gelangt ist, aber sehr wahrscheinlich durch die Heirat von Wilhelmines Tochter Elisabeth Friederike Sophie mit Herzog Carl Eugen von Württemberg 1748. Jedenfalls befand es sich dort, bis es 1964 dem Prinzen Louis Ferdinand von Preußen übereignet wurde.

Friedrich der Große – später auch der „Alte Fritz" genannt – folgte seinem Vater 1740 als König Friedrich II. auf den preußischen Thron.

König Friedrich Wilhelm IV., der Bauherr der heutigen Burg. Gemälde von Franz Krüger im Schlafzimmer der Königin.

King Friedrich Wilhelm IV, the owner-builder of today,s castle. Painting of Franz Krüger in the Queen's Bedroom.

Roi Frédéric Guillaum IV constructeur et propriétair du château d'aujourd'hui, tableau de Franz Krüger dans la chambre à coucher de la reine.

Er vertrat die Staatsauffassung des aufgeklärten Absolutismus, förderte Wirtschaft und Bildung und setzte in vielen Bereichen Reformen durch, vor allem im Rechtswesen. Seine Toleranz in religiösen Fragen war für seine Zeit beinahe revolutionär und entspricht im Wesentlichen der Religionsfreiheit, die unser heutiges Grundgesetz proklamiert.

Seine Kriege waren gewagt, hart, blutig und verlustreich, teilweise ohne Rechtsgrundlage, aber letztendlich erfolgreich. Die drei Schlesischen Kriege – der dritte davon ist unter dem Namen Siebenjähriger Krieg besser bekannt – und die erste Polnische Teilung brachten Preußen beträchtliche Gebietsgewinne und die Sicherung des Erworbenen.

Ohne die Arbeit und die Leistungen seines Vaters, des Soldatenkönigs Friedrich Wilhelm I., wäre Friedrich allerdings niemals „der Große" geworden. Dabei hat er sich mit seinem Vater, unter dessen Härte er entsetzlich leiden musste, nie verstanden. Die Auseinandersetzungen zwischen Vater und Sohn waren so hart, dass Friedrich einen Fluchtversuch unternahm, der allerdings missglückte. Sein Freund und Fluchthelfer Hermann von Katte wurde vor seinen Augen hingerichtet. Der Kronprinz wurde in der Festung Küstrin eingesperrt und konnte der Haft erst im Jahr 1733 durch seine Heirat mit Elisabeth Christine von Braunschweig-Bevern entfliehen, zu der ihn sein Vater gedrängt hatte. Das einzig Gute, was man über diese Ehe berichten kann, ist, dass sie Friedrich einige unbeschwerte Jahre bescherte, die er – der strengen Aufsicht seines Vaters entzogen – zumeist in Schloss Rheinsberg verbrachte.

Neben Porträts von König Friedrich Wilhelm I., seiner Gemahlin Sophie Dorothea und Friedrichs Bruder Heinrich befinden sich auch zwei Gemälde von Elisabeth Christine, die ebenfalls Antoine Pesne gemalt hat, im Schlafzimmer der Königin.

Gleich nach dem Tod des Vaters trennte sich Friedrich von seiner aufgezwungenen Ehefrau, die er niemals geliebt hat. Die Ehe blieb kinderlos, weshalb Friedrichs Bruder August Wilhelm zum Thronfolger bestimmt wurde. Friedrich der Große überlebte seinen Bruder allerdings um einige Jahre und so folgte ihm sein Neffe König Friedrich Wilhelm II. von Preußen.

Zwei Gemälde im Schlafzimmer der Königin stellen Friedrichs Nachfolger dar. Eines davon stammt von Anton Graff, das andere von Friedrich August Tischbein

Königin Elisabeth Christine, Gemahlin Friedrichs des Großen. Ölgemälde von Antoine Pesne im Schlafzimmer der Königin.

Queen Elisabeth Christine, wife of Frederick the Great. Painting of Antoine Pesne in the Queen's Bedroom.

Reine Elisabeth Christine épouse de Frédéric le Grand, tableau d'Antoine Pesne dans la chanbre à coucher de la reine.

(1750–1812), einem Mitglied jener bedeutenden Familie, die zahlreiche Künstler hervorgebracht hat.

Auf einem Holztisch vor dem Fenster ist das Modell eines Reiterstandbildes zu sehen, das der Bildhauer Daniel Christian Rauch (1777–1857) von Friedrich dem Großen entworfen hat und das 1851 auf der Straße „Unter den Linden" enthüllt wurde.

7 Salon der Königin

Der Salon der Königin wurde architektonisch in einen Hauptraum und zwei Erker aufgeteilt, was ihn kleiner erscheinen lässt, als er tatsächlich ist. Der kleine Erker wurde nach Norden hin zum Burghof angelegt und ist durch einige Stufen vom Hauptraum getrennt. Er ist mit zwei Polsterbänken ausgestattet, die mit blauem Stoff überzogen sind.

Gegenüber – in südlicher Richtung – liegt der größere und ebenerdige Erker mit Blick auf die Bastei und ins Tal. Durch einen spitzbogigen Durchgang, der auf schwarzen Marmorsäulen ruht, wird er vom Hauptraum abgegrenzt. Dort sind die Allianzwappen der beiden Bauherren der dritten Zollerburg und ihrer Gemahlinnen aufgemalt: Preußen – Bayern für Friedrich Wilhelm IV. und Elisabeth von Bayern, Preußen – Sachsen für Wilhelm I. und Augusta von Sachsen-Weimar.

Weitere Gestaltungselemente erinnern an die Gemahlinnen der beiden Bauherren. An den Wänden, die mit Hilfe von Schablonen handbemalt wurden, sehen wir neben dem Preußenadler den Buchstaben A, der für Augusta steht. Die plastische Darstellung der heiligen Elisabeth über dem Kamin erinnert an die Gattin von Friedrich Wilhelm IV.

Die Medaillons im Deckenfries zeigen die Porträts hohenzollerischer Ahnfrauen.

Der Raum ist prächtig und repräsentativ ausgestattet. Der Fußboden besteht aus fünf verschiedenen Hölzern: Ahorn, Eiche, Kirsche, Mahagoni und Nussbaum. Die Wände sind golden bemalt. An der reich verzierten Kassettendecke wurden zwei Kronleuchter mit jeweils 36 Kerzen angebracht.

Die Möblierung entspricht der originalen Ausstattung und besteht aus einem Sekretär, drei Holztischen, zwei Sofas und mehreren Sesseln. Die Polsterbezüge sind in Blau gehalten, weshalb das Königinzimmer auch Blauer Salon genannt wird. Die Einrichtung ist allerdings nicht mehr ganz vollständig: Der reich verzierte Uhrenaufsatz

Blauer Salon, Blick auf den nördlichen Erker.
The Queen's Drawing Room, northern bay.
Salon bleu vue sur le saillier du nord.

Vase im Blauen Salon, um 1900.
Vase in the Queen's Drawing Room, dating back to around 1900.
Vase bleu env. 1900.

Aufgang zum nördlichen Erker im Blauen Salon.
Staircase to the northern bay of the Queen's Drawing Room.
Escaliers pour le saillie du nord dans le salon bleu.

Blauer Salon, Blick in den südlichen Erker mit Reiterstatue Wilhelms II.
View of the southern bay of the Queen's Drawing Room.
Salon bleu; vue sur le saillie du sud avec la statue équester de Guillaume II.

des Schreibsekretärs wurde entfernt. An seiner Stelle befindet sich heute ein Gemälde von Auguste Viktoria, der letzten Deutschen Kaiserin und ersten Gemahlin von Wilhelm II., die 1921 im niederländischen Exil starb.

Das Bild gegenüber zeigt Wilhelm I., den zweiten Bauherrn der heutigen Burg Hohenzollern. Als er 1861 seinem Bruder Friedrich Wilhelm IV. auf dem preußischen Königsthron folgte, bestand Deutschland aus zahlreichen verschiedenen Staaten, von denen manche so klein waren, dass sie auf keiner Landkarte eingezeichnet werden konnten. Schon lange hatten insbesondere liberale Kreise die Einheit der deutschen Staaten angestrebt, die ja auch eine der wichtigsten Forderungen der Märzrevolution von 1848 gewesen war.

Es waren jedoch keine revolutionären Erhebungen, die Deutschland in die Einheit führten, sondern Wilhelms ebenso konservativer wie genialer Ministerpräsident und späterer Reichskanzler Otto von Bismarck.

Nachdem er im deutsch-deutschen Krieg von 1866 Preußens Vormachtstellung gegenüber Österreich in Europa gesichert hatte, nutzte er geschickt die spanische Thronkandidatur des Sigmaringer Hohenzollernprinzen Leopold, um Frankreich zu einer Kriegserklärung zu veranlassen und die deutschen Staaten im Krieg an Preußens Seite zu vereinen.

Ein großes Gemälde im Salon der Königin erinnert an diesen Krieg, den wir als deutsch-französischen Krieg von 1870/71 aus den Geschichtsbüchern kennen. Eine seiner ersten großen Schlachten war die von Weißenburg (Wissembourg) im Elsass am 4. August 1870, in welcher der französische General Abel Douay gefallen ist. Im Mittelpunkt des Bildes steht sehr aufrecht der damalige preußische Kronprinz und spätere Deutsche Kaiser Friedrich III. Neben ihm lehnt der französische Militärarzt an einem Tisch, im Hintergrund befinden sich fünf hochrangige preußische Militärs. Rechts liegt der Leichnam des gefallenen französischen Generals Douay auf einer Bahre, die aus zwei Matratzen und einem Stuhl improvisiert wurde. Auf seinen Beinen ruht sein kleiner

Blauer Salon, südlicher Erker: Modell eines Reiterstandbildes Wilhelms II.

Equestrian statue showing Wilhelm II in the Queen's Drawing Room.

Salon bleu, saillie du sud: un modèlle de statue équestre de Guillaum II.

Gemälde über der Eingangstüre des Blauen Salons.
Painting above the entrance to the Queen's Drawing Room.
Peinture au dessus de la porte d'entrée du salon bleu.

Hund. Die rustikalen Möbel, die Nähmaschine im Hintergrund und die Reste einer einfachen bäuerlichen Mahlzeit auf dem Tisch deuten auf einen Raum des Gehöftes Schafbusch bei Weißenburg hin, das als Aufnahmeplatz für die Verwundeten dienen sollte. Die dargestellte Szene ist für den heutigen Betrachter nicht leicht zu verstehen. Kronprinz Friedrich Wilhelm folgte einer alten militärischen Tradition und erwies dem tapferen gefallenen Gegner die letzte Ehre.

Der Historienmaler Anton von Werner (1843–1915) hat diese Begebenheit zwanzig Jahre später bildlich festgehalten und fast wie eine Fotografie wiedergegeben. Obwohl er dazu umfangreiche Recherchen betrieb und ihm der Kronprinz seine Notizen überließ, müssen wir davon ausgehen, dass er die Szene nicht wirklich objektiv, sondern aus seinem eigenen Blickwinkel dargestellt hat.

Anton von Werner galt schon zu Lebzeiten als „altmodischer" Künstler. Während seine Zeitgenossen im impressionistischen und expressionistischen Stil malten, blieb er dem traditionellen „naturalistischen" Stil verhaftet und schilderte zahlreiche Ereignisse und Höhepunkte aus der Geschichte des Preußischen Königs- und Deutschen Kaiserhauses.

Der Name des Künstlers ist kaum bekannt und doch ist den meisten von uns sein bedeutendstes Gemälde aus

Allianz-Wappen „Preußen-Bayern" im Durchgang zum südlichen Erker des Blauen Salons.

Coat of Arms, Prussia-Bavaria, Queen's Drawing Room.

Aliance d'armoirie «Prusse-Bavière» dans le travers en ogie entre le salon bleu et le saillie du sud.

Allianz-Wappen „Preußen-Sachsen" für Wilhelm I. und Augusta von Sachsen-Weimar im Blauen Salon.

Coat of arms, Prussia-Saxon, Queen's Drawing Room.

Alliance d'armoirie «Prusse-Saxe» pour Guillaume I et Augusta de Saxe-Weimar dans le salon bleu.

Detailansicht einer Säule im Durchgang zum südlichen Erker des Blauen Salons.

Part of a pillar in the Queen's Drawing Room.

Vue détaillée d'une cologne du saillie du sud dans le salon bleu.

Blick durch den Spitzbogen-Durchgang in den südlichen Erker des Blauen Salons.
Southern bay of the Queen's Drawing Room.
Vue du travers en ogive dans le saillie du sud dans le salon bleu.

den Schulbüchern vertraut: „Die Kaiserproklamation", die 1885 entstand und sich heute im Bismarck-Museum Friedrichsruh befindet.

Frankreich verlor den Krieg von 1870/71 und die deutschen Fürsten riefen Wilhelm I. im Spiegelsaal von Versailles am 18. Januar 1871 zum Deutschen Kaiser aus. Dieser Tag ist unter den Stichwörtern „Reichsgründung" und „Kaiserproklamation" in die Geschichte eingegangen.

Wilhelm I., der erste Deutsche Kaiser aus dem Hause Hohenzollern, wurde über 90 Jahre alt. Sein Sohn und Nachfolger Friedrich III. litt an Kehlkopfkrebs und war bei seiner Thronbesteigung bereits zu krank, um wesentliche Veränderungen für sein Land bewirken zu können. Die „Hoffnung der Liberalen" starb schon nach 99 Tagen und ging als 99-Tage-Kaiser in die Geschichte ein. Das Jahr seines Todes 1888 wird als das Drei-Kaiser-Jahr bezeichnet.

Das Gemälde links neben dem Spiegel über dem Kamin im Salon der Königin zeigt Friedrich III. Er war mit Viktoria, der ältesten Tochter der englischen Königin Viktoria, verheiratet, deren Bildnis rechts neben dem nördlichen Erker zu sehen ist. Viktoria erhielt in ihrer Zeit als Princess Royal am englischen Hof eine Malausbildung und betätigte sich – ebenso wie ihre Mutter – in ihrer Freizeit gerne als Malerin. Die meisten ihrer Gemälde befinden sich heute in ihrem Witwensitz, Schloss Kronberg im Taunus.

Das Gemälde links vom Erker stellt ihr Talent unter Beweis. Es zeigt den vierten Sohn des damaligen Kronprinzenpaares, Prinz Waldemar von Preußen, den Viktoria 1876 im Alter von acht Jahren gemalt hat.

Das Kind starb schon drei Jahre später, 1879, an der Diphtherie, einer akuten Infektionskrankheit, die im 19. Jahrhundert nur von wenigen Menschen überlebt wurde.

Detailansicht der Kasettendecke im Blauen Salon.
Detail of the ceiling in the Queen's Drawing Room.
Une coupe de vue du plafond en caissons du salon bleu.

Kasettendecke im Blauen Salon.
Ceiling in the Queen's Drawing Room.
Plafond en caisson dans le salon bleu.

Spitzbogen-Durchgang zum südlichen Erker des Blauen Salons.
Passage to the southern bay of the Queen's Drawing Room.
Travers en ogives pour le saillie du sud dans le salon bleu.

Auf einer 80 cm hohen blauen Prunkvase, die 1865 in der Königlichen Porzellan-Manufaktur in Berlin angefertigt wurde, ist „Vicky", wie sie von der Familie zur besseren Unterscheidung von der Mutter genannt wurde, im Alter von 25 Jahren abgebildet.

Im südlichen Erker befindet sich ein Reiterstandbild ihres ältesten Sohnes, Wilhelm II, das um 1908 von einer Berliner Bildergießerei aus Bronze angefertigt wurde. Der Kaiser ist in der Uniform der Garde du Corps dargestellt, einer berittenen Gardetruppe, die für die persönliche Bewachung des Herrschers aufgestellt wurde.

In der rechten Hand trägt er den Königlich-Preußischen Feldmarschallstab. Es handelt sich dabei um das verkleinerte Modell eines Reiterstandbildes, das 1909 auf der Kölner Rheinbrücke aufgestellt wurde.

Die kleine Eckvitrine aus Nussbaumholz gehört nicht zum Originalmobiliar, sondern stammt aus der Zeit Louis XV. (1710–1774). Es enthält ein Reiseservice aus französischem Sèvre-Porzellan, das Napoleon I. gehört

Blauer Salon, Beschlag an der Türe zu den Empfangsräumen der Königin.

Detail of the door to the Reception Halls in the Queen's Drawing Room.

Salon bleu; armature de la porte en direction du corridor d'acceuil de la reine.

haben soll. Angeblich fiel es in der Schlacht von Waterloo an Fürst Blücher, der es dann dem preußischen Königshaus schenkte. Möglicherweise ist dieses Porzellan allerdings wesentlich jünger und stammt aus der Zeit von Napoleon III., der zugleich Neffe und Stiefenkel von Napoleon I. war.

Im Königinzimmer sind noch die letzten Spuren des Erdbebens zu sehen, das die Burg am 3. September 1978 schwer beschädigt hat. Der Schaden belief sich nach damaligen Schätzungen auf rund 10 Millionen Mark, heute geht man eher von 12 bis 15 Millionen aus. Da im Zuge der Beseitigung der Erdbebenschäden gleichzeitig zahlreiche Restaurierungsarbeiten vorgenommen wurden, dauert die Wiederherstellung der Burg wesentlich länger, als zunächst angenommen wurde.

Prinz Louis Ferdinand berichtet in einer erweiterten und überarbeiteten Auflage seiner Autobiografie von 1968:

„Auf Monate hinaus mußten wir die Burg für Besucher schließen. Der herrliche Grafensaal, die Stätte all der schönen jährlichen Konzerte mit weltberühmten Solisten, war ein einziger Trümmerhaufen. Fast das gesamte Mauerwerk der Burg hatte sich verschoben. Ein großer Teil mußte eingerüstet und verschiedene Türme völlig neu errichtet werden. Kaum einer der vielen Räume blieb unversehrt. Einzig und allein die orthodoxe Auferstehungskapelle, welche die Urne meiner Frau beherbergt, blieb völlig verschont.

Zwar gibt es in Baden-Württemberg eine Erdbebenversicherung, die in solchen Fällen einspringt, aber trotzdem mußten wir an die 10 Millionen DM für den Wiederaufbau aufwenden. Zur Deckung dieser für unser Haus sonst unerschwinglichen Unkosten mußte ich das berühmte Bild von Watteau ‚Die Einschiffung zur Liebesinsel' blutenden Herzens verkaufen. Dieser Verkauf diente in erster Linie dem Wiederaufbau der Burg Hohenzollern."[1]

Anmerkung

1 Louis Ferdinand, S. 379.

8 Empfangsräume und Dienerschaftshalle

Dem Blauen Salon schließen sich die Empfangsräume der Königin an, zwei schmale lang gezogene Räume, die parallel zu den Bilderkabinetten verlaufen. Die Wände sind bei beiden im unteren Bereich mit Eichenholz ver-

Kronprinzessin Cecilie im Jahre 1907. Gemälde von Karl Langhorst in den Empfangsräumen der Königin.

Crown Princess Cecilie in 1907. Painting of Karl Langhorst in the Reception Halls.

Princesse héritière Cecilie dans l'an 1907 tableau de Karl Langhorst dans la salle de réception de la reine.

täfelt, im zweiten wurden einfache Wandbänke und kleine Fenstertische angebracht.

In den Empfangsräumen und der Dienerschaftshalle sind weitere Familienporträts zu sehen, darunter ein Gemälde von László, das Kaiserin Auguste Viktoria zeigt, und das Porträt von Kaiserin Augusta, der Gemahlin von Kaiser Wilhelm I.

Drei Bildnisse stammen von dem deutschen Maler Franz von Lenbach (1836–1904), dessen glanzvolle Karriere um 1860 begann. Besonders bemerkenswert ist das Gemälde, das er 1887 von Wilhelm I. anfertigte. Es zeigt den 90-jährigen Kaiser ein Jahr vor seinem Tod.

Die beiden anderen Gemälde von Lenbach stellen den damaligen preußischen Kronprinzen und späteren Kaiser Friedrich III. 1874 in Kürassieruniform sowie seinen Sohn Wilhelm II. um 1903 als jungen Deutschen Kaiser dar.

Unter den Gemälden in den Empfangsräumen befinden sich auch Kopien, darunter ein Porträt, das sich gleich rechts hinter der Tür zum Königinzimmer befindet. Das Original stammt von Franz Xaver Winterhalter (1805–1873), der im 19. Jahrhundert zahlreiche Bildnisse von Persönlichkeiten des europäischen Adels angefertigt hat. Es zeigt Charlotte von Preußen, die Schwester von Friedrich Wilhelm IV. und Wilhelm I. Sie heiratete 1817 den späteren russischen Zaren Nikolaus I. und wurde nun Alexandra Feodorovna genannt.

Neben der Tür zwischen den beiden Empfangsräumen befindet sich ein Porträt der letzten Kronprinzessin des Deutschen Reiches, Cecilie, das 1907 von dem Porträtmaler Karl Langhorst (1867–1950) gemalt wurde. Ein besonders beeindruckendes Gemälde in der Dienerschaftshalle stellt Kaiser Friedrich III. kurze Zeit vor seinem Tod dar. Aufgrund seiner Erkrankung an Kehlkopfkrebs konnte er nicht mehr sprechen und musste sich mit seiner Umgebung schriftlich verständigen. Daher sieht man ihn hier mit Papier und Feder.

Im Fries unter der Decke sind die „Tugenden der Frauen“ bildlich dargestellt, die sich in der Fürstlichen Wohnung im zweiten Stock fortsetzen. Diese Wandgemälde knüpfen an mittelalterliche Darstellungen an und zeigen symbolisch die „weiblichen Tugenden“, unter anderem Frömmigkeit, Mütterlichkeit und Jungfräulichkeit. Wir Menschen des 20. Jahrhunderts mögen solche Bilder als befremdlich, ja fast schon diskriminierend empfinden, in jener Zeit wurden sie jedoch als Wertschätzung der Frauen verstanden.

Salon der Fürstlichen Wohnung über dem Markgrafenzimmer (nicht zugänglich).

Drawing-Room in the Prince's Apartment (not open to the public).

Salon de l'appartement Princier au dessus de la chambre du Margrage (pas ac-cessible).

Kronleuchter im Salon der Fürstlichen Wohnung (nicht zugänglich).
Chandelier in the Drawing-Room of the Prince's Apartment (not open to the public).
Lustre du salon de l'appartement Princier (pas accessible).

Vorzimmer der Fürstlichen Wohnung (nicht zugänglich).
Antechamber in the Prince's Apartment (not open to the public).
Entrée de l'appartement Princier (pas accessible).

Fürstliche Wohnung über den Führungsräumen (nicht zugänglich).

Prince's Apartment (not open to the public).

Appartement Princier au dessus des chambres du musée (pas accessible).

Figur im Vorzimmer der Fürstlichen Wohnung (nicht zuganglich).

Figure in the Prince's Apartment (not open to the public).

Statue dans la chambre d'entrée de l'appartement Princier (pas accessible).

Detailansicht eines Fensters in den Empfangsräumen der Königin.
Detail of a window in the Reception Halls.
Vue détaillée d'une fenêtre du corridor d'acceuil de la reine.

Empfangsräume der Königin, Spiegel über dem Kamin, in dem sich die gegenüberliegenden Glasfenster spiegeln.
Reception Halls, mirror above the fireplace.
Corridor d'acceuil de la reine, miroir au dessus de la cheminée, ou la fenêtre d'enface se refléte dans le miroir.

Detailansicht eines Fensters in den Empfangsräumen der Königin.
Detail of a window in the Reception Halls.
Vue détaillée d'une fenêtre du corridor d'acceuil de la reine.

Über der königlichen Wohnung, also über den heutigen Führungsräumen zwischen Bibliothek und Dienerschaftshalle, befindet sich die fürstliche Wohnung, die heute von Prinz Christian Sigismund von Preußen und seiner Familie bei ihren gelegentlichen Besuchen auf der Burg Hohenzollern genutzt wird. Dieser Teil des Hohenzollern ist für die Öffentlichkeit nicht zu besichtigen.

Die Ausstattung der fürstlichen Wohnung ist wesentlich bescheidener als die der Königlichen Wohnung. Der Sigmaringer Fürst Karl Anton wollte nicht viel Geld für die Möbel in Räumen ausgeben, in denen er sich ohnehin selten und dann nur für wenige Stunden aufhalten würde. So stammen die Möbel der fürstlichen Wohnung zumeist aus unbekannten schwäbischen Werkstätten und sind künstlerisch und qualitativ nicht mit denen der königlichen Wohnung zu vergleichen.

Die Räume selbst sind allerdings noch von August Stüler entworfen worden, wie Aquarelle belegen, die er um 1858 angefertigt hat.

Empfangsräume der Königin mit Blick in die Dienerschaftshalle.
The Reception Halls.
Corridor d'acceuil de la reine vue sur le corridor des dommestiques.

Empfangsräume der Königin, Blick zum Blauen Salon.
The Reception Halls.
Corridor d'acceuil de la reine en direction sur le salon bleu.

Das Geheimnis der Schublädchen

Überall sieht man in der königlichen Wohnung kleine Schubladen aus Metall, die sich in den Wänden unter den Fensterbänken befinden.

Sie dienten dazu, das Regenwasser aufzufangen, das der Wind häufig durch die nicht ganz dichten Fenster ins Innere drückte. Das Regenwasser wurde in den vertieft liegenden Rillen der Fenstersimse aufgefangen und floss durch das Loch in ihrer Mitte in die darunter befindlichen Schublädchen.

Über die Wendeltreppe im unteren Teil des Fahnenturmes gelangt man vom ersten Stock wieder in den Hof. Der Fahnenturm selbst ist derzeit für die Öffentlichkeit nicht zugänglich. Auf seiner Spitze wird die Burgherrenstandarte gehisst, wenn der Burgherr auf dem Hohenzollern anwesend ist, was von den alten Hechingern angeblich etwas unfreundlich mit den folgenden Worten kommentiert worden sein soll:

„Wenn dr Lomb drenna isch, isch dr Fetza draussa" – ein Wortspiel, das sich beim besten Willen nicht ins Schriftdeutsche übersetzen lässt.

Löwenkopf im Fahnenturm.
Lion's head in the Flag-Tower.
Tête de lion dans la tour de l'hampe.

Aufstieg zum Fahnenturm (derzeit nicht zugänglich).
Staircase to the Flag-Tower.
Montée dans la tour de l'hampe.

Blick vom Fahnenturm auf den überdachten Haupteingang der Burg.

View of the main entrance to the Castle from the Flag-Tower.

Vue de la tour de l'hampe sur les toits du château.

Blick vom Fahnenturm zum Kaiserturm.

View of the Emperor's-Tower from the Flag-Tower.

Vue de la tour de l'hampe direction tour empériale.

9 Schatzkammer

Man betritt die Schatzkammer durch einen kleinen Vorraum, neben dem sich eine kleine Privatwohnung, die „Schatzkammerwohnung“, befindet. In diesem Vorraum ist eine bescheidene Sammlung von Rüstungen und Waffen zu sehen, die teilweise aus dem Mittelalter stammen.

Die frühere Schlossküche im Erdgeschoss unter dem Grafensaal wurde 1952 auf Veranlassung von Prinz Louis Ferdinand zur Schatzkammer umgestaltet und mit Kunstgegenständen aus dem Privatbesitz der Familie ausgestattet, die zum größten Teil aus den Berliner und Potsdamer Schlössern stammen.

Preußen verbinden viele Menschen in erster Linie mit Militär, Disziplin, Sparsamkeit und Pflichterfüllung. Die Exponate in der Schatzkammer zeigen uns eine andere, weniger bekannte Seite der preußischen Herrscher. Wir lernen sie als Kunstliebhaber, Förderer des Kunsthandwerks, Komponisten, Musikliebhaber und Mäzene ken-

Waffen im Vorraum der Schatzkammer.
Armory in the antechamber of the Treasury.
Armes dans l'entrée de la chambre des trésors.

Rüstungen und Waffen im Vorraum der Schatzkammer.
Arms and weapons in the antechamber of the Treasury.
Armement et armes dans l'entrée de la chambre des trésors.

nen, die dabei allerdings nicht den übermäßigen Prunk manch anderer Fürstenhäuser ihrer Zeit nachgeahmt haben...

1953 wurde in der Schatzkammer eingebrochen. Neben Orden, Armbändern und silbernem Besteck wurden unter anderem sechs wertvolle Tabatieren Friedrich des Großen entwendet. Die Königskrone hat der Dieb nicht gestohlen – „aus Pietät“, wie er später zu Protokoll gab.

Da die Burgtore über Nacht geschlossen sind, stieg der Einbrecher mit einer Leiter auf die Bastei, von wo aus er ungehindert in den Burghof spazieren konnte. Dort durchsägte er zwei Eisengitterstäbe vor einem der Fenster zur Schatzkammer und zwängte sich durch die entstandene Lücke ins Innere. Der Durchschlupf war so eng, dass die Polizei bei ihren Ermittlungen zunächst annahm, er hätte ein Kind als Komplizen gehabt.

Tatsächlich hat ein einzelner Mann den Einbruch verübt: Paul Falk, ein Spezialist für Einbrüche in historische Gebäude, der angeblich auch als Geheimagent tätig gewesen war. Er wurde im März 1954 in Frankfurt festgenommen und wenige Monate später vom Hechinger Landgericht zu sechs Jahren Zuchthaus und anschließender Sicherheitsverwahrung verurteilt. 1963 wurde die Sicherheitsverwahrung aufgehoben und Paul Falk kam in Freiheit. Angeblich soll er um 1990 im Alter von über achtzig Jahren gestorben sein. Von seiner Beute konnten nur wenige Stücke sichergestellt und auf die Burg zurückgebracht werden.

Trotz dieses unersetzlichen Verlustes ist die Sammlung in der Schatzkammer so umfangreich, dass hier lediglich ein Teil der Ausstellungsstücke beschrieben werden kann.

a) Tabatieren

Das Schnupfen von Tabak ist heute kaum noch verbreitet. Man kennt es gemeinhin allenfalls als ein etwas kurioses bayerisches Brauchtum.

Im 18. Jahrhundert allerdings war das Schnupfen wesentlich üblicher als das Rauchen und erfreute sich auch bei den Damen großer Beliebtheit.

Der Schnupftabak wurde in kleinen, zumeist goldenen Tabaksdosen aufbewahrt, weshalb man auch von Golddosen spricht. Gemeinhin hat sich allerdings der französische Ausdruck „Tabatieren“ eingebürgert.

Ende des 17. Jahrhunderts entwickelte sich Frankreich zum Zentrum der Golddosenanfertigung. König Ludwig XIV. verschenkte sie als Zeichen seiner persönlichen Gunst.

Als zahlreiche Hugenotten durch die Aufhebung des Edikts von Nantes (1685) aus dem katholischen Frank-

Schnupftabaksdose, die Friedrich dem Großen in der Schlacht bei Kunersdorf das Leben gerettet hat.

Snuff box which saved Frederick the Great's life in the Battle of Kunersdorf.

La tabatière de Frédéric le Grand qui lui a sauvé la vie dans la battail de Kunersdorf.

Uniformrock, den Friedrich der Große in der Schlacht bei Kunersdorf getragen hat, mit Einschussstelle unterhalb des vierten Knopfes.

Uniform belonging to Frederick the Great.

Uniforme millitaire de Frédéric le Grand, il l'a porté dans la battail de Kunersdorf au dessus du 4^{éme} bouton l'on voit le trou oû la ball la touché.

Zwei Tabatieren aus dem Besitz Friedrichs des Großen im Tresor der Schatzkammer.

Two snuff boxes belonging to Frederick the Great.

Deux tabatières de Frédéric le Grand dans la salle des trésors.

Schnupftabaksdosen Friedrichs des Großen.

Snuff boxes belonging to Frederick the Great.

tabatières de Frédéric le Grand.

reich vertrieben wurden, fanden viele von ihnen in Brandenburg Zuflucht. Diese Religionsflüchtlinge verhalfen dem Land durch ihre handwerklichen und künstlerischen Fähigkeiten zu einem enormen wirtschaftlichen Aufschwung. Unter anderem brachten sie die Fertigkeit der Tabatierenherstellung mit.

Friedrich der Große hat diesen Industriezweig ganz besonders gefördert. Wenige Monate nach seiner Thronbesteigung 1740 erließ er ein Importverbot für französische Tabatieren. Er bemühte sich, die preußischen Künstler anzuspornen, indem er ihnen zahlreiche Aufträge erteilte und sie gut bezahlte.

Ebenso wie Ludwig XIV. verschenkte er die Dosen als persönliche fürstliche Auszeichnung. So ist seine einstmals stattliche Sammlung heute in alle Winde verstreut. Die rund drei- bis vierhundert Schnupftabaksdosen sind unter anderem im Musée du Louvre in Paris, im Metropolitan Museum of Art in New York, in Schloss Char-

Friedrich der Große im Alter von 68 Jahren. Gemälde von Friedrich Georg Weitsch in der Schatzkammer.

Frederick the Great at the age of 68. Painting of Friedrich Georg Weitsch in the Treasury.

Frédéric le Grand à l'âge de 68 ans tableau de George Weitsch dans la salle des trésors.

lottenburg in Berlin und in der Eremitage in St. Petersburg ausgestellt oder befinden sich in Privatbesitz.

Eine der berühmtesten Tabatieren ist in der Schatzkammer der Burg Hohenzollern zu sehen: eine schlichte, ovale Golddose mit randlosem Deckel und emaillierten Blumen.

Ihre Berühmtheit erlangte sie durch ein historisches Ereignis: Am 12. August 1759 trafen die Preußen auf ein österreichisch-russisches Heer und erlitten eine entsetzliche Niederlage. Diese Schlacht, die als die Schlacht von Kunersdorf in die Geschichte eingegangen ist, war die schrecklichste und verlustreichste des Siebenjährigen Krieges.

Fast wäre ihr auch der König, der an vorderster Front kämpfte, zum Opfer gefallen, wenn ihn nicht die einfache Dose in der Innentasche seines Uniformrockes vor einer Schussverletzung bewahrt hätte.

Auf der Tabatiere liegt die Bleikugel, die an ihr abgeprallt ist. In derselben Vitrine befinden sich auch der Waffenrock – die geflickte Einschussstelle deutlich sichtbar – und der Dreispitz, den der König bei Kunersdorf getragen hat.

In der Tischvitrine daneben sind einige Emaildosen Friedrichs des Großen ausgestellt, die teilweise mit dem Porträt des Königs bemalt sind. Auf anderen sind Szenen aus den schlesischen Kriegen dargestellt oder die Schauplätze und Daten siegreicher Schlachten notiert.

Bei dem Einbruch von 1953 wurden auch sechs Schnupftabaksdosen gestohlen, für die der Dieb keinen Hehler fand. Daher brach er die Brillanten heraus. Unter der Diebesbeute, die nach seiner Festnahme sichergestellt wurde, befand sich auch ein Teil der Bruchstücke. Daraus konnte ein Juwelier drei Dosen rekonstruieren, die sich heute zusammen mit der preußischen Königskrone im Wandtresor der Schatzkammer befinden.

Neben dem Tresor sind Fotografien der Originale und der Bruchstücke zu sehen, die zeigen, dass die Rekonstruktion nicht originalgetreu erfolgt ist. Bei den beiden Chrysopras-Tabatieren fehlen teilweise die ursprünglichen Darstellungen aus der antiken Mythologie. Die sechs Emailmalereien der dritten Dose sind verloren gegangen. An den Stellen, an denen sie ursprünglich angebracht waren, zeigt sich heute blaues Glas.

b) Orden

Orden waren ursprünglich nichts anderes als klösterliche Gemeinschaften, die nach einer bestimmten gemeinschaftlichen Regel zusammenlebten. Während der Kreuzzüge im 11. bis 13. Jahrhundert entstanden die geistlichen Ritterorden, deren Regeln sich an denen der Mönchsorden orientierten. Ihr Ziel war es, für den christlichen Glauben zu kämpfen und das Heilige Land von der Herrschaft der „Ungläubigen“ zu befreien. Zu den Aufgaben dieser Vereinigungen gehörte auch die Betreuung der Pilger, der Schutz der Armen und die Krankenpflege.

Kette des Schwarzen Adlerordens mit der Ordensdevise: „suum cuique“.

Chain of the Order of the Black Eagle.

Le colier de l'ordre de l'aigle noir. La devise de l'ordre est «suum cuique».

Im Verlauf der Jahrhunderte wurde der Begriff Orden von der Ordensgemeinschaft auf ihre Abzeichen übertragen. Nach dem Vorbild der geistlichen Ritterorden gründeten die Herrscher zahlreicher Länder weltliche Ritterorden, zu denen zum Beispiel der Orden vom Goldenen Vlies und der Orden des Schwarzen Adlers gehören.

Einer der berühmtesten und ältesten dieser weltlichen Ritterorden ist der englische Hosenbandorden, den Eduard III. 1348 gegründet hat.

Erst im Zeitalter des Absolutismus entstanden militärische Verdienst- und Tapferkeitsorden. Der erste, der Militärorden des heiligen Ludwig, wurde 1693 vom französischen König Ludwig XIV., dem berühmten Sonnenkönig, gegründet. Friedrich der Große folgte ebenso wie andere Herrscher des 18. Jahrhunderts seinem Beispiel und wandelte 1740 den Orden de la générosité, den der spätere König Friedrich I. 1667 gestiftet hatte, in den Orden Pour le Mérite. Bedingt durch die zahlreichen Kriege der Zeit entstanden in Europa rasch viele neue Militärorden.

Daneben wurden Hausorden für Verdienste um das regierende Haus gegründet sowie Orden, die für Verdienste auf den Gebieten von Kunst und Wissenschaft verliehen wurden.

Fast alle modernen Staaten der Welt – Ausnahmen bilden zum Beispiel Israel und die Schweiz – verleihen bis heute Orden.

In der Schatzkammer der Burg Hohenzollern ist in mehreren Vitrinen eine umfangreiche Ordenssammlung zu sehen, deren größter Teil Kaiser Wilhelm I. verliehen worden ist.

Darunter befindet sich der Schwarze-Adler-Orden an der Kette, die höchste Auszeichnung, die ein preußischer König vergeben konnte. Der erste König in Preußen, Friedrich I., hat ihn anlässlich seiner Krönung in Königsberg am 17. Januar 1701, dem Vortag der Krönung, gestiftet. Er trägt die Inschrift: „suum cuique" – zu deutsch: „Jedem das Seine". Man kann dieses Motto als Ausdruck der preußischen Toleranz verstehen oder wie Wolfgang Stribrny als Postulat der Gerechtigkeit. Er verweist in diesem Zusammenhang auf die Ordensregeln, die unter anderem den Schutz der Schwachen und Unterdrückten forderten.[1]

Kreuz des Hohen Ordens vom Schwarzen Adler am orangen Band und ein Marschallstab, den Wilhelm II. 1913 zu seinem 25-jährigen Thronjubiläum geschenkt bekommen hat.

Cross of the High Order of the Black Eagle and a marshal's baton, which was a present to Wilhelm II in 1913.

Croix appartenant du grand ordre de l'aigle noir sur ruban orange et un bâton de marchal, que Guillaume II avait reçus pour ses 25 ans de son couronnement en l'an 1913.

Königlicher Hausorden von Hohenzollern, Stern der Großkomture mit Schwertern. Das Motto des Ordens lautet: „Vom Fels zum Meer".

Medal of the Royal House of Hohenzollern.

Ordre royale de la maison Hohenzollern;étoile avec épée qui veux dire du rocher à la mer.

Der Hohe Orden vom Schwarzen Adler war der höchste preußische Orden und wurde zunächst nur an Adelige für Verdienste um den König und das Land verliehen. König Friedrich Wilhelm IV. änderte diese Bestimmung 1848 und verband die Verleihung des Schwarzen-Adler-Ordens mit dem Eintritt in den erblichen Adelsstand.

Die Zahl der inländischen Mitglieder war auf 30 begrenzt. Dabei wurden allerdings die preußischen Prinzen ausgenommen, die zum 10. Geburtstag die Offiziersuniform und den Schwarzen-Adler-Orden erhielten.

In der Schatzkammer ist auch der königliche Hausorden mit der Devise „Vom Fels zum Meer" zu sehen, dem wir bereits im Zusammenhang mit der Geschichte der Familie begegnet sind. Dieser wurde 1841 ursprünglich als hohenzollerischer Hausorden von Fürst Friedrich Wilhelm Constantin von Hohenzollern-Hechingen und Fürst Karl von Hohenzollern-Sigmaringen gestiftet.

Friedrich Wilhelm IV. nahm in Hohenzollern – ebenso wie bereits zuvor in Berlin und Königsberg – eine Erbhuldigung vor, die am 23. August 1851 auf der Burg Hohenzollern stattfand. Aus diesem Anlass erhob er den hohenzollerischen Hausorden zum Königlichen Hausorden von Hohenzollern mit dem Motto „Vom Fels zum Meer". Dieser sollte vor allem jene Personen auszeichnen, die dazu beigetragen hatten, die Märzrevolution von 1848 zu bekämpfen. Unter derselben Devise wurde eine Gedenkmünze für die königstreuen Kämpfer von 1848 geschaffen.

Im Stadtmuseum Hechingen befindet sich unter der Nummer 84/8096 eine Darstellung der Erbhuldigung: Links im Bild sehen wir die Michaelskapelle aus dem 15. Jahrhundert, rechts den heutigen Fahnenturm, auf dem die Fahne mit dem preußischen Adler weht. Der Gebäudeteil, der sich heute zwischen der Michaelskapelle und dem Fahnenturm befindet, war 1851 noch nicht wieder aufgebaut.

Umgeben von Vertretern des Adels, der Geistlichkeit und des Volkes sitzt König Friedrich Wilhelm IV. erhöht auf einem Thron, über dem sich ein Baldachin erhebt. Darüber sehen wir die Äste einer Linde.

Der Burghof im Sommer 1997 ohne Linde.

The Castle Yard in 1997.

La cour du château en été 1997 sans le tilleul.

Burghof mit Linde, historische Aufnahme.
Historic photograph of the Castle Yard.
Cour du château avec le tilleul, photo historique.

Dieser Baum, der im Herbst 1996 gefällt wurde, muss zur Zeit der Erbhuldigung noch sehr jung gewesen sein und wurde vermutlich um 1830 gepflanzt. Schon früher, mindestens seit der zweiten Hälfte des 17. Jahrhunderts, befand sich eine Linde im Burghof, die von einer Abzäunung aus Holz umgeben war. Sie soll bereits um 1744 so morsch gewesen sein, dass sie mit acht Seilen befestigt und vermutlich um 1750 gefällt werden musste.

c) Flöten und Noten

An den Höfen des 18. Jahrhunderts war die Musik ein beliebter Zeitvertreib. Anders als heutige Konzertbesucher lauschten die Menschen jedoch nicht konzentriert den Darbietungen, sondern betrachteten sie eher als Hintergrundunterhaltung während des Essens, während des Kartenspiels oder einer angeregten Konversation. Zahlreiche Mitglieder fürstlicher Familien musizierten und komponierten, blieben dabei aber zumeist musikalische Dilettanten.

Zu den wenigen wirklich begabten Adeligen gehörte Friedrich der Große, der bereits in seiner Kronprinzenzeit in Rheinsberg ein kleines Orchester aufgebaut hatte, dem unter anderem Carl Philipp Emanuel Bach (1714–1788), der zweite Sohn und Schüler von Johann Sebastian Bach, als Kammercembalist angehörte.

Friedrichs Lieblingsinstrument war die Flöte. Er muss zahlreiche dieser Instrumente besessen haben, von denen allerdings die meisten – wohl als Andenken an den König – verschenkt wurden.

Auch die beiden Flöten in der Schatzkammer gelangten erst in jüngerer Zeit und nach einigen Umwegen wieder in den Besitz der Familie, stammen aber ohne Zweifel aus dem Besitz des Königs.

Die Traversflöte (Querflöte) aus Ebenholz war ein Geschenk an Prinz Louis Ferdinand von Professor Dr. Paul Niehans, dem Erfinder der Frischzellentherapie. Ein Schriftstück dokumentiert den Weg der Flöte bis 1876:

„Diese Flöte erhielt ich vom Leibarzt meiner hochs. Eltern, Generalstabsarzt der Armee Dr. Goerke i. J. 1810.

Sie wurde ihm von seinem Verwandten, dem Kapellmeister Quantz, der den großen König stets accompagniren mußte und dem sie nach des Königs Tode überlassen wurde, vermacht.

Berlin 21. October 1876
Carl Prinz v. Preußen."

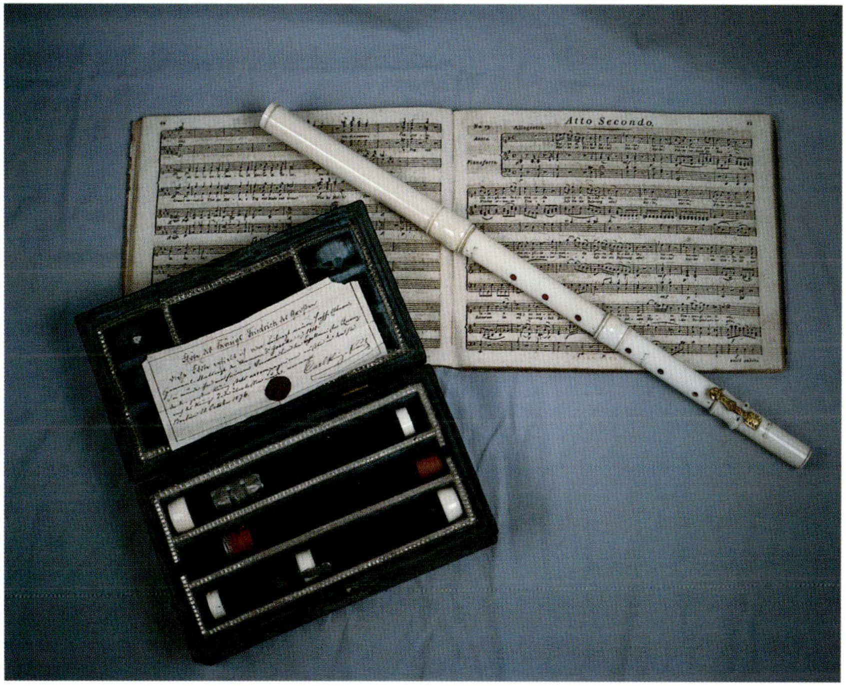

Flöten Friedrichs des Großen, um 1750.
Flutes belonging to Frederick the Great, dating from around 1750.
Flutes de Frédéric le grand au tour de 1750.

Die Flöte befindet sich zerlegt in einem speziellen Holzkasten, ein Hinweis darauf, dass sie Friedrich der Große wohl auch bei sich hatte, wenn er auf Reisen war.

Diese Ebenholzflöte wurde wohl um 1750 von Johann Joachim Quantz (1697–1773) oder unter seiner Mitarbeit in einer preußischen Werkstatt angefertigt. Es heißt, dass Friedrich nur auf Flöten spielte, an deren Herstellung sein Flötenlehrer, Kammermusiker und Hofkomponist Quantz mitgewirkt hatte.

Dafür wurden zumeist exotische, harte Hölzer benutzt, insbesondere Ebenholz, ein Holz von Arten der Dattelpalme aus den Tropen und Subtropen, das schon in der Antike als sehr wertvolles Handelsobjekt galt.

Die zweite Traversflöte wurde ebenfalls um 1750 aus nicht minder wertvollem Material angefertigt. Sie besteht aus Elfenbein, dem Zahnbein der Stoßzähne afrikanischer und indischer Elefanten, das auch für die Herstellung von Klaviertastenbelägen und Billardkugeln verwendet wurde. Vermutlich hat auch diese Flöte als königliches Geschenk den Familienbesitz verlassen. Durch welche Hände sie ging, ist nicht bekannt. 1953 wurde sie der Familie zum Kauf angeboten und gelangte so wieder in den Besitz des Hauses Preußen.

Bei seiner Thronbesteigung 1740 ließ Friedrich der Große mit dem Bau des Königlichen Opernhauses „Unter den Linden“ beginnen, das zwei Jahre später mit einer Oper von Karl Heinrich Graun (1704–1759) eröffnet wurde.

Porträt des Prinzen Louis Ferdinand (d. Ä.), Musikzimmer des Prinzen Louis Ferdinand (nicht zugänglich).

Prince Louis Ferdinand (d. Ä.), Music Room of Prince Louis Ferdinand (not open to the public).

Portrait du prince Louis Fredinand (l'ancein) chambre de musique du prince Louis Ferdinand (pas accessible).

Johann Sebastian Bach spielte 1747 im Stadtschloss von Potsdam vor dem König. Friedrich veranlasste ihn bei dieser Gelegenheit zu einer Fugenimprovisation, aus der später das „Musikalische Opfer“ entstanden ist. Bach hat diese Komposition dem König gewidmet.

Das Widmungsexemplar befindet sich in der berühmten „Amalienbibliothek“. Diese Musikbibliothek, die 1783 mehr als sechshundert Teile umfasste, wurde von Friedrichs Schwester Amalie, die ebenfalls komponierte, angelegt. Sie enthält unter anderem Werke der Bachfamilie, von Georg Friedrich Händel und Philipp Telemann.

Ebenso wie Friedrich der Große gilt auch sein Neffe Prinz Louis Ferdinand als talentierter Musiker und Komponist, dessen Kompositionen bis heute aufgelegt und aufgeführt werden. Prinz Louis Ferdinand, der zur Unterscheidung von seinen beiden gleichnamigen Nachfahren als „der Ältere“ (d. Ä.) bezeichnet wird, fiel bereits im Alter von 34 Jahren 1806 in Saalfeld.

Er wird uns als Idol seiner Zeit, Frauenliebling, ungestümer Mensch und begnadeter Musiker geschildert. Anscheinend hat er nicht nur seine Zeitgenossen, sondern auch spätere Generationen in seinen Bann gezogen. So hat der deutsche Dichter Theodor Fontane (1819–1896), der einer Hugenottenfamilie entstammte, ein Gedicht über den Prinzen verfasst, das mit den Worten beginnt:

„Sechs Fuß hoch aufgeschossen,
Ein Kriegsgott anzuschaun,
Der Liebling der Genossen,
Der Abgott schöner Fraun,
Blauäugig, blond, verwegen
Und in der jungen Hand
Den alten Preußendegen –
Prinz Louis Ferdinand.“[1]

Der Komponist Ludwig van Beethoven (1770–1827) hat ausdrücklich das Talent des Prinzen gelobt. Auch Wolfgang Amadeus Mozart (1756–1791), den Louis Ferdinand d. Ä. in jungen Jahren kennen gelernt hat, hielt große Stücke auf seine Fähigkeiten als Komponist.

Zwei der Partituren, die in der Schatzkammer ausgestellt sind, stammen von Mozart und wurden dem Neffen Friedrichs des Großen gewidmet. Eine weitere Partitur, das „Rondo pour le Pianoforte Opus 13“, stammt von Prinz Louis Ferdinand d. Ä.

Bis ins 20. Jahrhundert hat es stets musikalische Familienmitglieder im Haus Preußen gegeben. Der 1995 verstorbene Chef des vormals regierenden Preußischen Königshauses Prinz Louis Ferdinand war ein begnadeter Klavierspieler und Komponist, von dem ein Notenband mit zwölf Liedern für hohe Stimme und Klavier in der Schatzkammer ausgestellt ist. Sein Trauermarsch „Fridericus Rex“ erklang im August 1991 bei der Überführung der Särge seiner Vorfahren, von der später noch die Rede sein wird.

d) Die preußische Königskrone

Die meisten Königinnen und Könige verbanden ihre Thronbesteigung mit einer feierlichen Krönung, deren Zeremoniell sich an dem der mittelalterlichen Kaiserkrönungen des Heiligen Römischen Reiches orientierte.

In unserer Vorstellung sehen wir den Herrscher in einer feierlichen Prozession in den Dom einziehen. Nach der Salbung setzt ihm der Erzbischof die Krone auf das Haupt. Unter dem Jubel des Volkes besteigt der neue König den Thron. Ein Gottesdienst wird abgehalten. Festliche Gesänge erklingen...

Das hat es in Preußen so nicht gegeben!

Dieses Königreich hat lediglich zwei Krönungen erlebt, die nur wenig mit der Krönungszeremonie unserer Vorstellung gemein hatten.

Friedrich I., der erste König in Preußen, krönte sich am 18. Januar 1701 im Königsberger Schloss zunächst selbst und anschließend seine Gemahlin Sophie Charlotte. Für ihn als protestantischen Herrscher konnte die „traditionelle“ Zeremonie, in deren Verlauf der Monarch vom Erzbischof zuerst gesalbt und dann gekrönt

Die Preußische Königskrone von 1889 im Wandtresor der Schatzkammer.
The Royal Crown of Prussia, 1889.
La couronne royale de Prusse de 1889, dans le trésor mural de la salle des trésors.

wurde, nicht in Frage kommen. Gleichwohl wollte er auf die Salbung und den Gottesdienst nicht verzichten. So wurde er – in Umkehrung der üblichen Reihenfolge – nach der Krönung von einem lutherischen und einem reformierten Geistlichen im Rahmen eines Festgottesdienstes in der Schlosskirche von Königsberg gesalbt.

Der Papst hat das neue protestantische Königreich ebensowenig anerkannt wie die brandenburgische Kurwürde der Hohenzollern. In Rom nannte man den preußischen König noch lange verächtlich den „Markgrafen von Brandenburg".

Von den Kronen des ersten preußischen Königspaares sind nur die Karkassen, also die nackten Gestelle, übrig geblieben, die sich heute als Leihgaben des vormals regierenden Preußischen Königshauses in Schloss Charlottenburg in Berlin befinden. Friedrich der Große, der Enkel des ersten preußischen Königs, ließ, da er Geld brauchte, die Edelsteine aus den Kronen herausbrechen. Sie sollen später mehrmals wieder eingesetzt und wieder herausgenommen worden sein.

Erst 160 Jahre nach der Krönung von Friedrich I. erlebte Preußen wieder eine Königskrönung, die ebenfalls anders verlief, als man sich eine solche Zeremonie gemeinhin vorstellt. Am 18. Oktober 1861 krönte Wilhelm I. sich und seine Gemahlin Augusta in der Königsberger Schlosskirche. Dabei bekannte er sich ausdrücklich zum Gottesgnadentum, also zu der Herrschaftsauffassung von der göttlichen Legitimität des Herrschers.

Das war im Hinblick auf die liberalen Bestrebungen in Preußen nicht nur politisch ungeschickt, sondern passte auch nicht in eine Zeit, in der sich die Arbeiterbewegung gerade formierte und in den folgenden Jahren unter Ferdinand Lassalle, August Bebel und Karl Liebknecht Organisationen gründete, die eine Verbesserung der Lebensbedingungen der Lohnabhängigen anstrebten.

Wilhelm I. hat für seine Krönung nicht – wie man das bei diesem sparsamen Mann vielleicht erwarten würde – die Karkassen der Kronen von Friedrich I. und seiner Gemahlin herrichten lassen. Er erteilte dem Hofjuwelier Humbert den Auftrag zur Anfertigung von zwei neuen Kronen für sich und seine Gemahlin Augusta. Diese gelten heute als verschollen.

Die preußische Königskrone, die sich in einem Wandtresor der Schatzkammer befindet, wurde niemals zu einer Krönung benutzt oder von einem Herrscher getragen. Sie ist lediglich ein Symbol der königlichen Macht. Wilhelm II. hat sie 1889, ein Jahr nach seiner Thronbesteigung, anfertigen lassen. Der Entwurf stammt von E. Doepter d. J., der sich dabei an der Königskrone von 1701 orientierte, und wurde von den Hofjuwelieren Humbert und Sohn ausgeführt.

Die Krone ist aus getriebenem Gold gefertigt und besteht aus einem Reifen und acht Bügeln, die mit Diamanten besetzt sind. Zwischen den Bügeln befinden sich acht große Perlen in Birnenform. An der Stelle, an der die acht goldenen Bügel oben zusammenlaufen, befindet sich als Symbol des Reichsapfels ein geschliffener blauer Saphir. Dieser wird von einem Kreuz gekrönt, das mit Brillanten versehen ist.

Von neun preußischen Königen haben sich zwei selbst gekrönt. Die drei preußischen Könige, die zugleich Deutsche Kaiser waren, wurden als solche nicht gekrönt. Und so gibt es auch keine Kaiserkrone des Deutschen Reiches, das 1871 entstand.

Die Kaiserkrone des Heiligen Römischen Reiches befindet sich heute in der Schatzkammer der Wiener Hofburg. Sie entstand vermutlich zur Zeit des ersten salischen Königs Konrad II. (um 990–1039), der 1027 in Rom zum Kaiser gekrönt wurde. Er dürfte der erste gewesen sein, dem diese Krone, mit der fast alle Kaiser des Heiligen Römischen Reiches gekrönt worden sind, auf das Haupt gesetzt wurde. Der Habsburger Franz II. war der letzte römisch-deutsche Kaiser. Er musste die Kaiserwürde 1806 auf Veranlassung von Napoleon I. niederlegen.

e) Porzellan

1710 wurde in Meißen unter dem Kurfürsten Friedrich August I., seit 1697 gleichzeitig König August II. von Polen und Großherzog von Litauen, der uns als August der Starke besser bekannt ist, die berühmte Porzellanmanufaktur gegründet. Damit wurde auf der Albrechtsburg in Meißen also die erste europäische Porzellanmanufaktur eingerichtet.

Das Porzellan wird durch Brennen von Gemischen aus Kaolin, Feldspat und Quarz hergestellt, wobei sich das Mischungsverhältnis und die Brennvorgänge je nach Art des Porzellans unterscheiden. Seine Herstellung wurde vermutlich in China erfunden, wo mit Sicherheit seit dem 13. Jahrhundert echtes Porzellan angefertigt wurde. Chinesisches und später auch japanisches Porzellan kam in Europa insbesondere seit dem 17. Jahrhundert groß in Mode und wurde häufig im Auftrag europäischer Besteller angefertigt. Gleichzeitig bemühten sich in Europa zahlreiche Alchemisten darum, hinter das Herstellungsgeheimnis des Porzellans zu kommen.

1707 gelang es J. F. Böttger in Dresden erstmals, Porzellan in Europa herzustellen. Das in Meißen hergestellte Porzellan wurde schnell zu einem begehrten Handelsobjekt und bedeutenden sächsischen Exportartikel. Die anderen europäischen Fürsten blickten neidvoll nach Sachsen, erteilten der Porzellanmanufaktur zahlreiche Aufträge und versuchten, das Geheimnis der Porzellanherstellung zu enträtseln. Dieses ließ sich natürlich nicht lange verhindern und so folgten in der ersten Hälfte des 18. Jahrhunderts zahlreiche Gründungen von Porzellanmanufakturen in Europa.

Gläser Friedrichs des Großen mit dem Monogramm „FR“ für „Fridericus Rex“.

Glasses belonging to Frederick the Great.

Verres de Frédéric le Grand avec le monograme FR pour Fridericux Rex.

Im 18. Jahrhundert wurde in Europa chinesisches Porzellan leidenschaftlich gesammelt, seit der Manufakturgründung in Sachsen auch Meißner Porzellan. Es waren vor allem die weiblichen Mitglieder der fürstlichen Familien, die in ihren Porzellankabinetten große Sammlungen anlegten, die zum Teil noch heute in Schlössern und Museen zu bewundern sind.

Auch Sophie Dorothea, die Mutter Friedrichs des Großen, gehörte zu den Porzellanliebhaberinnen. Sie legte nicht nur im Berliner Schloss Monbijou eine umfangreiche Sammlung an, sondern hat wohl auch bei ihrem Sohn das Interesse an dieser Materie geweckt.

1763 kaufte Friedrich eine verschuldete Porzellanmanufaktur in Berlin[3] und wandelte sie zur Königlichen Porzellanmanufaktur (KPM) um, deren Markenzeichen das Zepter wurde, welches das Kurfürstentum Brandenburg im Wappen führte. Der Boden der Produkte aus der Königlichen Porzellanmanufaktur wurde mit dem Zeichen des Zepters und teilweise mit der Jahreszahl versehen. Wo die Jahreszahl fehlt, wurden andere Zeichen ergänzt, aus denen das Herstellungsjahr zu ersehen ist.

Mit der Gründung der Porzellanmanufaktur folgte Friedrich nicht nur seinen künstlerischen Neigungen, sondern auch seinem Anliegen, die heimische Wirtschaft zu fördern. Er erließ ein Importverbot für ausländisches Porzellan, vergrößerte seine Manufaktur und verschaffte ihr das Monopol in Preußen.

Der König selbst war der beste Kunde seiner Manufaktur. Er soll über zwanzig Tafelservices dort anfertigen haben lassen.

In einer Vitrine der Schatzkammer befinden sich einige Teile eines solchen Services. Sie sind mit bunten Blu-

Porzellan und Besteck aus dem Besitz Wilhelms II., Musikzimmer des Prinzen Louis Ferdinand (nicht zugänglich).

Porcelain and a set of instruments belonging to Wilhelm II, Music Room of Prince Louis Ferdinand (not open to the public).

Porcelaine et service du trousseau de Guillaume II chambre de musique de Louis Frerdinand (pas accessible).

men-Buketts und Früchten in kräftigen Farben bemalt, wobei jedes einzelne Teil sein eigenes Dekor erhalten hat. Der Deckelknauf der Suppenterrine ist in Pflanzenform gehalten. Dieses Tafelservice stammt aus der Zeit Friedrichs des Großen.

Ein anderes Service aus der Königlichen Porzellanmanufaktur, das sich in einer anderen Vitrine der Schatzkammer befindet, ist wesentlich jünger. Es wurde 1881 im Auftrag der damaligen Kronprinzessin und späteren Kaiserin Viktoria für ihr Patenkind Sigismund Waldemar Craven angefertigt und kam erst 1974 durch ein Vermächtnis auf die Burg Hohenzollern, wo es zunächst in der kleinen Nussbaumvitrine im Salon der Königin präsentiert wurde.

Jedes Teil dieses Tee- und Kaffeeservices für zwei Personen ist mit einem anderen Motiv bemalt. Und doch haben alle das gleiche Thema: berühmte Bauwerke in und um Potsdam. Wir sehen unter anderem Schloss Babelsberg, das Neue Palais, Sanssouci und das Marmorpalais. Viele der dargestellten bedeutenden Kirchen und Schlösser wurden entweder im Zweiten Weltkrieg oder in den Jahren danach auf Anordnung des SED-Regimes der damaligen DDR zerstört.

Leuchter, Lichtschere und weitere Teile eines silbernen Toilettenservices aus der Zeit um 1820.

Pieces of a silver toilet-set, dating from around 1820.

Bougies, ciseaux de bougies et plusieurs pièces en argent d'un service de toilette consut env. (1820).

f) Silber

Tafelsilber und massiv silberne Kerzenleuchter hatten im 18. Jahrhundert in den europäischen Herrscherhäusern eine doppelte Funktion zu erfüllen. Mit dieser enormen Prachtentfaltung wollten die fürstlichen Familien sich selbst, ihren Reichtum und ihre Macht gegenüber ihren Gästen darstellen.

Gleichzeitig dienten die silbernen Gegenstände als „Notgroschen", denn sie waren – nicht anders als heute – eine sichere Kapitalanlage. In schlechten Zeiten konnte man sie leicht einschmelzen und zu Münzen prägen. Während heutige Silberarbeiten möglichst leicht ausgeführt werden, waren diese „Notgroschen" zumeist massiv und sehr schwer.

Leider wurden viele der silbernen Gegenstände im Laufe der Zeit eingeschmolzen, wenn die Herrscherhäuser in finanzielle Engpässe gerieten.

Nicht anders verhielt es sich im Hause Preußen. Die beiden ersten Könige hatten beträchtliche Gold- und Silberschätze hinterlassen, von denen später viele Teile untergegangen sind. Diese wurden vor allem zur Finanzie-

Prunkleuchter Friedrich Wilhelms I., um 1730.
Solid silver Candle Stick which belonged to Friedrich Wilhelm I, dating from around 1730.
Lustres pompeux de Frédéric Guillaume I consut env. (1730).

Baby-Rasseln des späteren Kaisers Wilhelm II. Die Rassel mit dem Griff aus Koralle war ein Geschenk von seiner Großmutter, Königin Viktoria von England.

Childhood toys belonging to Wilhelm II.

Hochet du futur empereur Guillaume II. Ce lui avec la poignée en coral était un cadeau de sa grand – maman la reine Victoria d'Angletere.

rung der Napoleonischen Kriege und ihrer Folgen eingeschmolzen.

In der Schatzkammer sind zwei identische silberne Prunkleuchter ausgestellt. Der sparsame König Friedrich Wilhelm I., der sehr spartanisch lebte und keinerlei Neigung zu Prunk und Prachtentfaltung zeigte, hat sie um 1730 als sichere Investition in Augsburg anfertigen lassen. Er hoffte, dass sein Silberschatz, nachdem er künstlerisch aufwendig ausgeführt worden war, nun auch wirklich nur in einem tatsächlichen Notfall angegriffen werden würde.

Die beiden Girandolen, wie diese Leuchter nach dem italienischen Wort „girare" = „im Kreis drehen" genannt werden, wiegen jeweils rund zwanzig Kilogramm und befanden sich vermutlich seit 1830 auf dem Silberbuffet im Rittersaal des Berliner Stadtschlosses.

Im Mittelschild der sechsarmigen Leuchter, die trotz ihres Gewichtes erstaunlich zierlich wirken, sind ineinander verschlungen die Buchstaben „FWR" zu erkennen. Sie stehen für „Fridericus Wilhelmus Rex", die latinisierende Form von „König Friedrich Wilhelm". Über dem Mittelschild befindet sich die Krone, rechts und links davon sind zwei Adler zu sehen. Der untere Teil der Girandolen ist mit Löwen und Kanonen verziert.

Über die silberne Toilettengarnitur in einer Mittelvitrine der Schatzkammer ist bisher nur wenig bekannt. Sie soll der Überlieferung nach von Königin Luise, der Gemahlin von Friedrich Wilhelm III., die 1810 gestorben ist, benutzt worden sein. Neuere Untersuchungen datieren ihre Entstehung jedoch in die Zeit um 1820. Es ist anzunehmen, dass sie einer Preußenprinzessin gehört haben.

Das Tafelsilber Friedrichs des Großen, das in einer anderen Vitrine der Schatzkammer ausgestellt ist, wurde um 1750 in Berlin angefertigt. Einige Teile davon tragen das Monogramm des Königs. Dieses Tafelsilber ist nicht nur künstlerisch wertvoll, sondern auch kulturhistorisch interessant, denn es erzählt von den fürstlichen Tischsitten jener Zeit. Einheitliche Service, wie wir sie heute

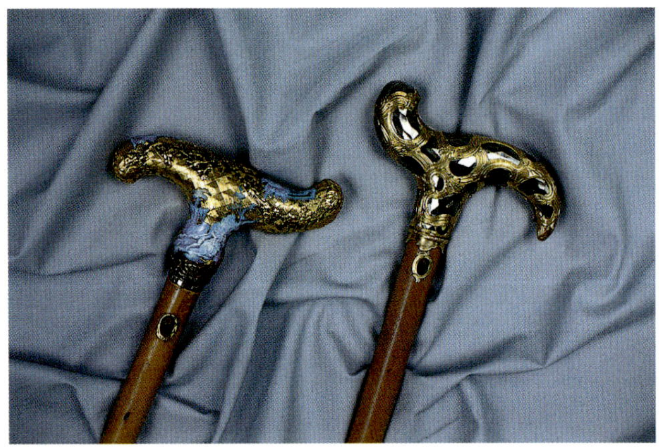

Kunstvoll verzierte Stockgriffe Friedrichs des Großen.

Cane belonging to Frederick the Great.

Canne de Frédéric le Grand, une poignée avec décoration artistique.

als alltäglichen Gebrauchsgegenstand kennen, waren damals noch etwas relativ Neues. Auch die Deckelterrinen und Wärmeglocken zum Warmhalten des Essens waren erst wenige Jahre zuvor entstanden. Vermutlich kamen auch sie aus Frankreich, das seit der zweiten Hälfte des 17. Jahrhunderts den meisten europäischen Fürsten als Vorbild diente. Am Hof von Versailles mussten die Bediensteten sehr weite Wege zwischen Küche und Speiseraum zurücklegen und ohne Abdeckung wäre wohl jede Speise kalt auf den Tisch des Sonnenkönigs gekommen.

Erst seit wenigen Jahren sind Teile des vergoldeten Hochzeitssilbers von Kaiser Wilhelm II. und Kaiserin Auguste Viktoria in der Schatzkammer zu sehen. Diese gehörten ursprünglich zu einem kompletten Service, das dem späteren Kaiserpaar anlässlich seiner Hochzeit 1883 von fast hundert preußischen Städten überreicht worden war. Zu diesem Geschenk zählten neben dem Tafelsilber auch Leuchter, Tafelaufsätze und ein Satz Trinkgläser, zu dem jeweils zehn Teile gehörten.

Anmerkungen

1 Siehe Stribrny, S. 73.
2 Balladenbuch, S. 434.
3 Erst kürzlich erhielt ich von einer Nachfahrin des Gründers der späteren KPM den Hinweis, im Besitz ihrer Familie befänden sich Dokumente, die ein neues Licht auf den Kauf der Porzellanmanufaktur durch Friedrich den Großen werfen könnten. Mir selbst blieb keine Zeit mehr, diesem Hinweis nachzugehen. Ich möchte ihn daher ausdrücklich künftigen kunsthistorischen Forschungen ans Herz legen.

10 Michaelskapelle

Man betritt die katholische Michaelskapelle vom Hof aus und gelangt zunächst in den Vorraum, der aus dem 19. Jahrhundert stammt. Das Hauptschiff und der Chor dagegen stammen noch von der zweiten Burg aus dem 15. Jahrhundert, sind also spätgotisch. Die Kapelle ist im Inneren so gestaltet, dass man den alten und den neuen Teil nicht ohne Weiteres voneinander unterscheiden

Michaelskapelle, Heiliger Georg aus Lindenholz, 15. Jahrhundert.
St Michael's Chapel, a limewood sculpture representing St George killing the dragon.
Chapelle sainte Michel, saint George tailler dans du tilleul 15ème siècle.

Altar in der katholischen Michaelskapelle.
Altar in St Michael's Chapel.
Autel dans la chapelle catholique.

Steinerne Madonnenfigur neben der katholischen Michaelskapelle.
Stone Madonna next to St Michael's Chapel.
Sainte Vièrge en pierre à côté de la chapelle catholique de saint Michel.

Reliefplatten in der Michaelskapelle: Petrus und Johannes, 12. Jahrhundert.

Relief panels, St Michael's Chapel, 12 th century.

Plaque relief dans la chapelle sainte Michel; Pierre et Jeans du 12ème siècle.

Michaelskapelle, Pflanzenornamente im Deckengewölbe.

St Michael's Chapel, vault.

Chapelle saint Michel, ornements de plantes dans le plafond voûté.

kann. Betrachtet man die Kapelle jedoch von außen, kann man den Unterschied am Mauerwerk sehr deutlich erkennen.

Der Architekt August Stüler hatte die innere Ausstattung zunächst ganz anders geplant. Nach seinen Entwürfen sollten die Chorgewölbe vergoldet und mit blauen Ornamenten versehen werden. Er plante eine Ausmalung, die sich an der Neugotik orientierte und der in der evangelischen Kapelle entsprechen sollte. Der Sigmaringer Fürst Karl Anton wollte jedoch den schlichten spätgotischen Charakter der Michaelskapelle erhalten. Und so entwarf Reinhold Persius nach dem Tod von August Stüler neue Pläne, die einen einfachen hellen Anstrich und Rankenornamente in den Gewölben vorsahen und vom Fürsten genehmigt wurden.

Vermutlich während des Zweiten Weltkrieges, vielleicht auch kurz danach, verschwanden die Wandmalereien unter einem einfarbigen Anstrich.

Erst das schwere Erdbeben von 1978 brachte sie wieder zum Vorschein. Sie wurden freigelegt und sind mittlerweile originalgetreu wieder hergestellt worden.

In der Michaelskapelle befinden sich Glasmalereien, die zu den ältesten und schönsten im südwestdeutschen Raum gerechnet werden. Sie stammen aus der Kirche des Dominikanerinnenklosters in Stetten bei Hechingen, die um 1280 von Graf Friedrich dem Erlauchten von Zollern gestiftet wurde und den Zollern bis zum Ende des 15. Jahrhunderts als Grablege diente. Im Zuge der Säkularisation wurde das Kloster zu Beginn des 19. Jahrhunderts aufgehoben. Die Scheiben wurden herausgebrochen und zerstückelt. Die meisten von ihnen sind in der Michaelskapelle eingesetzt worden.

Die Glasmalereien aus dem 13. Jahrhundert kamen in den neugotischen hohen Vorraum. Sie stellen biblische Szenen dar. In einem davon sehen wir die älteste bekannte Darstellung des silbern-schwarz quadrierten hohenzollerischen Wappenschildes, darüber den Helm mit Pfauenfedern als Helmzier.

Die Fenster des Kirchenschiffes zeigen einfache Blumenornamente.

Im Erker der neugotischen Kapellenerweiterung wurden vor allem Bruchstücke von Wappenscheiben aus dem 16. und 17. Jahrhundert eingesetzt. Sie stammen ebenfalls aus dem Stettener Kloster. Rudolph von Stillfried konnte sie im 19. Jahrhundert im Kunsthandel erstehen.

Die Skulptur im Erker stellt den heiligen Georg dar, der möglicherweise im 4. Jahrhundert in Kappadokien in Kleinasien gelebt hat, dessen Existenz aber bis heute umstritten ist. Der Legende nach soll er die libysche Königstochter vor dem Drachen gerettet haben. So wurde er zum Kämpfer gegen das Böse – symbolisch als Drachen dargestellt und die mittelalterlichen Ritter haben ihn daher als Schutzpatron gewählt.

Es handelt sich um eine Statue aus Lindenholz, die zu Beginn des 15. Jahrhunderts in der Schweiz gefertigt wurde und vermutlich durch die Heirat von Eitel Friedrich I. und Ursula von Rhäzüns aus dem schweizerischen Graubünden nach Hechingen kam. Sankt Georg ist als Ritter in Rüstung und zu Pferde dargestellt, der mit seiner Lanze den Drachen tötet.

Der heilige Georg wird häufig mit Sankt Michael, dem Namenspatron der katholischen Kapelle, verwechselt. Bei Michael handelt es sich jedoch um eine Engelsgestalt aus dem Alten Testament (Daniel 10, 13), der den Satan bekämpft und im katholischen Glauben als Erzengel verehrt wird.

Eine Darstellung des Erzengels finden wir auf einer der romanischen Reliefplatten aus Sandstein im Hauptschiff der katholischen Kapelle. Unter Michael, der sich im Kampf mit dem Drachen befindet, ist – wesentlich kleiner – die Anbetung Jesu durch die Heiligen Drei Könige dargestellt. Merkwürdigerweise trägt Maria keinen Knaben, sondern ein Buch. Eine befriedigende Erklärung für diese seltsame Darstellung ist bis heute nicht bekannt und wird durch die Tatsache erschwert, dass es sich bei den drei Sandsteinplatten um Einzelstücke handelt, die mit Sicherheit ursprünglich zu einem ganzen Zyklus gehört haben. Vermutlich dienten sie in der Kapelle der ersten Burg in einem Stück als Chorschranke.

Die beiden anderen Reliefs, die von den Kunsthistorikern ebenfalls ins 12. Jahrhundert datiert werden, stellen Petrus und Johannes dar.

Eine Marmortafel im Vorraum erinnert an einen Sohn und eine Tochter von Fürst Karl Anton, die beide früh verstorben sind. Prinz Anton wurde im Alter von 25 Jahren in der Schlacht von Königgrätz 1866 tödlich verwundet. Seine Schwester starb 1859 im Alter von 22 Jahren vermutlich an der Pest. Sie war mit dem portugiesischen König Pedro V. verheiratet, der bereits zwei Jahre nach ihr gestorben ist.

Rudolph von Stillfried, den wir bereits im Zusammenhang mit dem Wiederaufbau der Burg kennen gelernt haben, begleitete Prinzessin Stephanie 1858 nach Portugal. Dort erhielt er den Titel „Graf von Alcantara".

Drei Jahre später wurde ihm von Wilhelm I. der preußische Grafentitel verliehen.

11 Christuskapelle

Dem frommen König Friedrich Wilhelm IV. war der Bau einer evangelischen Kapelle auf dem Hohenzollern ein ganz besonders wichtiges Anliegen. Er konnte seinerzeit nicht ahnen, dass diese Kapelle rund hundert Jahre später zur Ruhestätte seiner beiden berühmtesten Vorfahren werden und dadurch schließlich sogar in die Schlagzeilen der internationalen Presse gelangen sollte.

Friedrich Wilhelm I. wurde ursprünglich in der Garnisonkirche in Potsdam beigesetzt, deren Glockenspiel jede halbe Stunde „Üb immer Treu und Redlichkeit…“ spielte. 46 Jahre später wurde sein Sohn, Friedrich der Große, neben ihm bestattet, obwohl er sich eigentlich ein schlichtes Begräbnis auf der Terrasse seines Schlosses Sanssouci bei seinen Hunden gewünscht hatte.

Napoleon I., der nach der vernichtenden preußischen Niederlage von Jena und Auerstedt 1806 die Königsgruft in der Garnisonkirche besucht hat, soll nach der Überlieferung am Sarg Friedrichs des Großen gesagt haben: „Meine Herren, wenn der noch lebte, stünden wir nicht hier!“

Der 21. März 1933 ist als der „Tag von Potsdam“ in die Geschichte eingegangen. Hitler und Hindenburg besuchten während einer Feier in der Garnisonkirche die Gruft mit den Königssärgen.

Als zehn Jahre später die alliierten Luftangriffe auf deutsche Städte begannen, brachte man die Särge der beiden Preußenkönige zunächst in einem Luftwaffenstützpunkt bei Berlin in Sicherheit. Von dort aus kamen sie kurz vor Kriegsende in ein Kali-Bergwerk bei Bernterode in Thüringen. Die Amerikaner, die Thüringen als Erste besetzten, entdeckten sie – vielleicht aufgrund eines Hinweises von deutscher Seite – und nahmen sie mit nach Marburg in die amerikanische Besatzungszone, als sie Thüringen der russischen Armee überließen.

Dort gelangten die Sarkophage zunächst ins Schloss, dann ins Hessische Staatsarchiv und wurden schließlich am 21. August 1946 im Beisein von Prinz Louis Ferdinand in der Elisabethkirche beigesetzt. Damals gab der Prinz das Versprechen: „An dem Tag, an dem Deutschland in Freiheit wieder vereinigt ist, werden – so Gott will – die sterblichen Überreste der beiden Preußenkönige nach Potsdam zurückkehren.“[1]

Kronprinz Wilhelm bemühte sich um die Genehmigung, die Königssärge auf die Burg Hohenzollern bringen zu lassen. Er erlebte die Überführung nicht mehr, die 1952 in aller Heimlichkeit und Stille stattfand.

Fast vierzig Jahre befanden sich die sterblichen Überreste der beiden Preußenkönige in der evangelischen Christuskapelle, ehe der Fall der Mauer am 9. November 1989 und die deutsche Wiedervereinigung am 3. Oktober 1990 die Erfüllung des Versprechens von Prinz Louis Ferdinand ermöglichten.

Am 16. August 1991 fand unter Ausschluss der Öffentlichkeit eine Feier für Friedrich Wilhelm I. und Friedrich den Großen in der Christuskapelle statt. Dann wurden sie in einem Sonderzug nach Potsdam gebracht.

Entsprechend den Bestattungsmodalitäten, die Friedrich der Große in seinen Testamenten von 1752 und 1769 festgelegt hatte, wurde er an seinem Todestag, dem 17. August 1991, auf der Terrasse von Sanssouci beigesetzt.

In der Friedenskirche, nicht weit davon entfernt, fand Friedrich Wilhelm I. seine letzte Ruhestätte, am östlichen Rand der Anlage von Sanssouci, die von den Architekten Ludwig Persius und August Stüler nach Ideen von König Friedrich Wilhelm IV. erbaut worden ist.

In die Garnisonkirche konnte man die sterblichen Überreste der beiden Könige nicht zurückbringen. Sie wurde in den letzten Wochen des Zweiten Weltkrieges schwer beschädigt. Ihre Ruine und der Turm wurden im Jahre 1968 auf Anordnung der damaligen DDR-Regierung gesprengt.

In der Kapelle sind die Kopien der Regimentsfahnen zurückgeblieben, die im Zusammenhang mit den Königssärgen auf die Burg kamen, also nicht zur originalen Ausstattung der Kapelle gehören.

Blick vom Burggarten auf das Wehrhaus und die evangelische Kapelle.
View from the garden of the military house and the protestant chapel.
Vue du jardin sur la tour de défence et la chapelle protestante.

Fenster im Chorraum der Christuskapelle: Kreuzigung Christi.
Window in the Chapel of Christ: The Crucifixion.
Vitrail dans le coeur de l'église protestante du Christ: Crucifixion du Christ.

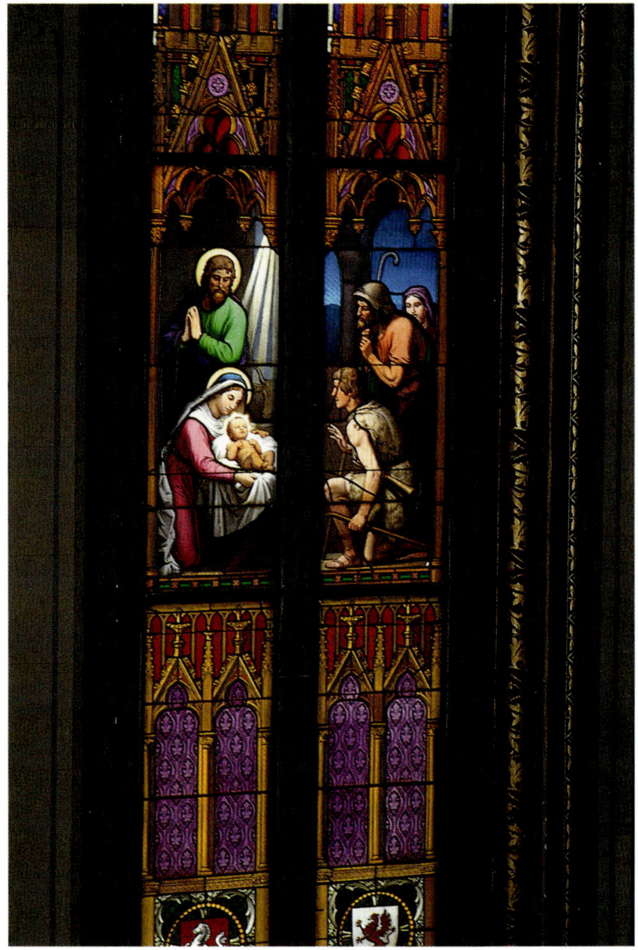

Fenster im Chorraum der Christuskapelle: Geburt Christi.
Window in the Chapel of Christ: The Birth of Christ.
Vitrail dans le coeur de l'église protestante du Christ naissance du Christ.

Christuskapelle: Die sechs Fenster des Schiffes stellen die zwölf Apostel dar.

Windows in the Chapel of Christ showing the twelve apostles.

Chapelle du Christ: 6 vitraux montres les douses apôtres.

Ausschnitt aus dem Gemälde „Madonna mit dem Kinde" von Feodor Bruni, um 1818, Taufgeschenk von Zar Nikolaus II. an Prinzessin Kira.

Detail of the painting ‚Madonna with the Child' painted by Feodor Bruni, around 1818.

Coupe du tableau la «Madone et l'enfant» de Feodor Bruni env. (1818) cadeau de baptème du zar Nikolaus II à la princesse Kira.

Glasmalerei über dem Eingang der evangelischen Kapelle.

Glass painting above the entrance of the protestant chapel.

Peinture sur verre au dessus de la porte d'entrée de l'église protestante.

Abschlussstein des Deckengewölbes in der evangelischen Kapelle.

Vault in the protestant chapel.

Dernière pierre du plafond de l'église protestante.

Christuskapelle, Chorgewölbe mit fünf Engeln, gemalt von Wilhelm Peters.

Chapel of Christ, vault with five angels, painted by Wilhelm Peters.

Chapelle du Christ: Plafond du coeur peint par Guillaume Peters.

Christuskapelle, Durchgang von der Empore zum Hauptgeschoss des Wehrhauses (nicht zugänglich).

Chapel of Christ, passage to the military house (not open to the public).

Traversée du balcon de la chapelle du Christ au bâtiment principal de défence (pas accessible).

Bibel auf dem Altar der Christuskapelle.
Bible on the altar in the Chapel of Christ.
Bible sur l'autel de la chapelle du Christ.

Die Originalfahnen waren nach dem Zweiten Weltkrieg zunächst verschollen und kamen erst einige Zeit nach den Königssärgen auf die Burg. Sie waren Leihgaben der Stiftung Preußischer Kulturbesitz. Zu Beginn der 80er Jahre wurden sie ins Wehrgeschichtliche Museum nach Rastatt gebracht und ab 1985 auf dem Hohenzollern durch Kopien ersetzt.

Über dem Stein, auf dem früher der Sarg von König Friedrich Wilhelm I. stand, befinden sich die Fahnen des „Erste Garde-Regiment zu Fuß", eines Regimentes, in dem die Elite der deutschen Adelsfamilien diente.

Gegenüber, wo einst der Sarg seines Sohnes stand, sind die Fahnen des „Grenadier-Regiment König Friedrich der Große (3. Ostpr.) Nr. 4" zu sehen.

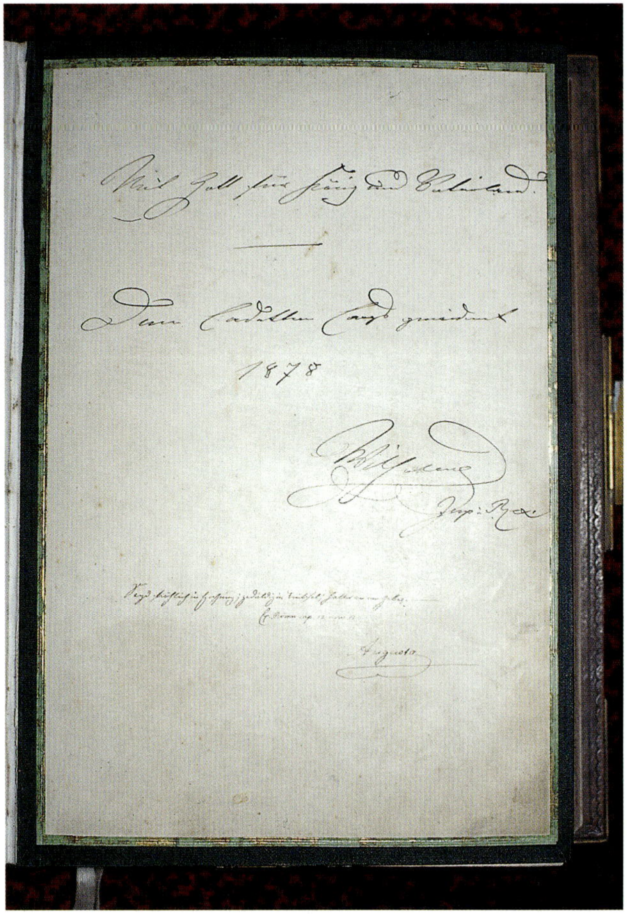

Bibelinschrift von Kaiser Wilhelm I. und seiner Gemahlin Augusta, 1878.
Bible-inscription of Wilhelm I and his wife Augusta, 1878.
Inscription du roi Guillaume I et son épouse Augusta (1878) dans la bible.

Bei der Standarte der 4. Eskadron des Regiments „Garde du Corps" handelt es sich um das Original. Nach dem Vorbild der in Frankreich im 15. Jahrhundert

Christuskapelle, Blick von der Empore auf den Altar.
Chapel of Christ, the altar.
Chapelle du Christ vue du balcon sur l'autel.

Regimentsfahnen in der Christuskapelle (Kopien): „Erstes Garde-Regiment zu Fuß".

Regimental banners in the Chapel of Christ.

Chapelle du Christ: (Copie) banière du régiment «premier régiment du garde pèdestre».

Gedenktafel für den Soldatenkönig, Friedrich Wilhelm I., in der Christuskapelle.

Commemorative tablet for Friedrich Wilhelm I. in the Chapel of Christ.

Plaque commémorative pour le roi – sergent Frédéric Guillaume I.

Regimentsfahnen in der Christuskapelle (Kopien): „Grenadier-Regiment König Friedrich der Große (3.Ostpr.) Nr. 4".

Regimental banners in the Chapel of Christ.

Chapelle du Christ: (Copie) banière du régiment «Régiment – grenadier du roi Frédéric le Grand» (3 est prusse N^r 4).

Gedenktafel für Friedrich den Großen in der Christuskapelle.

Commemorative tablet for Frederick the Great in the Chapel of Christ.

Plaque commémorative pour Frédéric le Grand.

Aposteltor der Kaiser-Wilhelm-Gedächtniskirche, das sich seit 1961 am Eingang der Christuskapelle befindet.

Door of the Apostles in the Chapel of Christ.

Porte des apôtres de l'église commémorative de l'empereur Guillaume, se trouve depuis 1961 à l'entrée de la chapelle du Christ.

aufgestellten berittenen Gardetruppe für die persönliche Bewachung des Königs hat Friedrich der Große dieses Regiment gestiftet.

Die Wand- und Deckenbemalung der einschiffigen Christuskapelle stammt größtenteils von Wilhelm Peters. Einige der Malereien wurden von dem Nürnberger Maler und Professor für gotische Architektur Georg Eberlein (1819–1884) ausgeführt. Auch die Glasmalereien, die Geburt, Auferstehung und Kreuzigung Jesu darstellen und in kräftigen Farben gehalten sind, gehen auf Wilhelm Peters zurück.

Über dem reich verzierten Marmoraltar, den ein großes Altarkreuz schmückt, erhebt sich ein goldener Baldachin.

Das Taufbecken, das Lesepult, die Kanzel und die Chorschranken sind aus Eisenguss gefertigt und stammen aus einer berühmten Berliner Werkstatt.

Die Chorschranken, welche den Chor vom Schiff abtrennen, sind mit sechs plastischen Apostelfiguren geschmückt. Dabei handelt es sich vermutlich um Kopien vom Sebaldusgrab, das Peter Vischer d. Ä. (um 1460–1529) zwischen 1507 und 1519 in der Sebalduskirche in Nürnberg angefertigt hat. Die Kunstwerke, die Peter Vischer d. Ä., seine Söhne und Veit Stoß (um 1448–1533) in Nürnberg in der Sebalduskirche und der Sankt-Lorenz-Kirche zu Beginn des 16. Jahrhunderts geschaffen haben, wurden im 19. Jahrhundert gerne kopiert.

Auf der rechten und linken Seite der Empore wurden zwei Gedenktafeln angebracht, die an zwei preußische Prinzen erinnern, die im Zweiten Weltkrieg gefallen sind. Einer davon war der ältere Bruder von Prinz Louis Ferdinand, Prinz Wilhelm, der aufgrund einer nicht ebenbürtigen Ehe auf seine Rechte als Erstgeborener verzichten musste und infolge einer tödlichen Verwundung 1940 in Frankreich gestorben ist. Sein Vetter Prinz Oskar, an den die zweite Tafel erinnert, fiel 1939 in Polen.

In der Nische unter der Empore, durch die man in die Sakristei und auf die Empore gelangt, ist ein großes Gemälde zu sehen, das nicht zur originalen Ausstattung der Burg gehört. Es wurde um 1818 von dem russischen Maler Feodor Bruni in Italien angefertigt und war ein Taufgeschenk des letzten russischen Zaren Nikolaus II. an seine entfernte Verwandte Prinzessin Kira, die Gemahlin von Prinz Louis Ferdinand.

In der ehemaligen Remise, die sich unter der Christuskapelle befindet, wurde nach 1967 die russisch-orthodox geweihte Auferstehungskapelle der Prinzessin Kira eingerichtet, die für die Öffentlichkeit nicht zugänglich ist.

Dort wurde Prinzessin Kira beigesetzt. 1992 folgte ihr die jüngste Tochter Prinzessin Xenia und 1995 ihr Mann Prinz Louis Ferdinand von Preußen.

Der Hohenzollern dürfte damit die einzige Burg sein, auf der sich die Kapellen der drei verschiedenen christlichen Konfessionen befinden. Sie veranschaulichen uns auch heute noch greifbar die Toleranz der preußischen Könige in religiösen Fragen, wie sie Friedrich der Große so treffend formuliert hat: „Alle Religionen sind gleich und gut, wenn nur die Leute, so sie professieren, ehrliche Leute sind. Und wenn Türken und Heiden kämen und wollten das Land peuplieren, so wollen wir ihnen Moscheen und Kirchen bauen. Ein jeder kann bei mir glauben, was er will, wenn er nur ehrlich ist."[2]

Anmerkungen

1 Zit. nach: Sonderdruck der Großen National-Mutterloge, S. 13. Nach anderer Darstellung wurde dieses Versprechen erst 1952 gegeben.
2 Zit. nach: Krockow: Friedrich der Große, S. 137/38.

Blick von der Bastei auf den Markgrafenturm und die Fenster des Blauen Salons.

View from the bastion of the Margrave's Tower.

Vue du bastion sur la tour des margraves et les fenêtres du salon bleu.

Quellenverzeichnis

Adalbert Prinz von Bayern: Die Herzen der Leuchtenberg. Geschichte einer bayerisch-napoleonischen Familie. München 1992.

Albert Herzog zu Sachsen: Die Wettiner in Lebensbildern. Graz – Wien – Köln 1995.

Bartmann, Dominik (Hrsg.): Anton von Werner. Geschichte in Bildern. München 1993.

Baur, Christian: Neugotik. München 1981.

Bausteine zur geschichtlichen Landeskunde von Baden-Württemberg. Herausgegeben von der Kommission für geschichtliche Landeskunde in Baden-Württemberg anläßlich ihres 25jährigen Bestehens. Stuttgart 1979.

Bothe, Rolf: Burg Hohenzollern. Von der mittelalterlichen Burg zum national-dynastischen Denkmal im 19. Jahrhundert. Gebr. Mann studio-Reihe, Berlin 1979.

Burg Lauenstein. Amtlicher Führer, bearbeitet von Elmar D. Schmid und Horst H. Stierhof. 4. Auflage München 1990.

Büsch, Otto, und Neugebauer, Wolfgang: Moderne Preußische Geschichte 1648–1947. Eine Anthologie. Band 1, 2 und 3. Berlin – New York 1981.

Bußmann, Walter: Zwischen Preußen und Deutschland. Friedrich Wilhelm IV. Berlin 1990.

Decker-Hauff, Hansmartin: Frauen im Hause Württemberg. Herausgegeben von Wilfried Setzler, Volker Schäfer und Sönke Lorenz in Zusammenarbeit mit Andreas Schmauder. Leinfelden-Echterdingen 1997.

Deutsches Ärzteblatt 94, Heft 20, 16. Mai 1997.

Die Heimkehr des Königlichen Bruders. Sonderdruck der Großen National-Mutterloge „Zu den drei Weltkugeln". O. O. 1992.

Friedrich Wilhelm Prinz von Preußen: Das Haus Hohenzollern 1918–1945. München – Wien 1985.

Gers, Herbert: Burg Hohenzollern. Hechingen 1984. (6., überarbeitete Auflage).

Gers, Herbert: Ergänzung zur Textvorlage für die Schlossführer der Burg Hohenzollern. Hechingen 1984.

Gers, Herbert: Genealogie und Geschichte des Hauses Hohenzollern. Hechingen 1986.

Gers, Herbert: Textvorlage für die Schlossführer der Burg Hohenzollern. Hechingen o. J.

Johann Georg Prinz von Hohenzollern (Hrsg.): Friedrich der Große. Sammler und Mäzen. München 1992.

Korff, Gottfried (Hrsg.): Preußen. Versuch einer Bilanz. Ausstellungsführer. Reinbek bei Hamburg 1981.

Krockow, Christian Graf von: Friedrich der Große. Ein Lebensbild. 2. Auflage München 1993. (1. Ausgabe Bergisch Gladbach 1987).

Krockow, Christian Graf von: Preußen. Eine Bilanz. München 1994. (1. Ausgabe Stuttgart 1992).

Lemmer, Klaus J.: Karl Friedrich Schinkel. Berlin und Potsdam. Bauten und Entwürfe. 3., veränderte Auflage Stuttgart 1991. (1. Auflage Berlin 1973).

Lindeiner-Wildau, C. von: Burg Hohenzollern als preußisch-deutsche Garnison und befestigter Platz. In: Zeitschrift für Hohenzollerische Geschichte, 3/1967.

Louis Ferdinand Prinz von Preußen: Im Strom der Geschichte. 5., erweiterte Auflage München 1993. (1. Auflage 1983). Erweiterte und neu durchgesehene Ausgabe des 1968 erschienenen Titels: Die Geschichte meines Lebens.

Mann, Golo: Deutsche Geschichte des 19. und 20. Jahrhunderts. Lizenzausgabe Berlin – Darmstadt – Wien 1966. (Originalausgabe Frankfurt a. M. 1958).

Mann, Golo, und Heuß, Alfred: Propyläen Weltgeschichte. Band VI, VII und VIII. Sonderausgabe Berlin – Frankfurt a. M. 1991. (Originalausgabe 1960 bis 1964).

Mast, Peter: Die Hohenzollern. Von Friedrich III. bis Wilhelm II. Sonderausgabe Wien 1994. (Originalausgabe Graz – Wien – Köln 1988).

Morby, John E.: Handbook of Kings & Queens. Hertfordshire 1994. (First published as Dynasties of the World, Oxford 1989).

Mors, Karl: Hechingen. Sigmaringendorf 1983.

Mors, Karl: Hechingen und Zoller-Burgen in alten Ansichten. Sigmaringen 1982.

Nadolny, Burkhard: Louis Ferdinand. Das Leben eines preußischen Prinzen. Neuausgabe München 1993. (1. Ausgabe Köln 1967).

Pinkerneil, Beate (Hrsg.): Das große deutsche Balladenbuch. Königstein/Ts. 1978.

Preußen in Hohenzollern. Begleitband zur Ausstellung. Hrsg. vom Haus der Geschichte Baden-Württemberg und dem Staatsarchiv Sigmaringen. Sigmaringen 1995.

Prinz, Friedrich: Ludwig II. Ein königliches Doppelleben. Berlin 1993.

Schwab, Gustav: Die Schwäbische Alb unter besonderer Berücksichtigung der Neckarseite. 2. Auflage Stuttgart 1878. (1. Auflage 1823).

Schwarzwälder Bote, 31. Januar 1997.

Seling, Helmut (u. a.): Burg Hohenzollern. Berlin – Gütersloh – Leipzig – München – Potsdam – Stuttgart 1992.

Sokop, Brigitte: Stammtafeln europäischer Herrscherhäuser. 3., verbesserte und ergänzte Auflage Wien – Köln – Weimar 1993. (1. Auflage 1976).

Spiegel, Nr. 33, 12. 8. 1991.

(Stellien): Nachrichten über die Königliche Stammburg Hohenzollern. Berlin 1863.

Stüler, August: Die Burg Hohenzollern. In: Zeitschrift für Bauwesen, Jahrgang XV, 1865.

Stribrny, Wolfgang: Der Weg der Hohenzollern. Limburg an der Lahn 1981.

Uhland, Robert (Hrsg.): 900 Jahre Haus Württemberg. Stuttgart – Berlin – Köln – Mainz 1984.

Verlag Ploetz (Hrsg.): Der große Ploetz. Auszug aus der Geschichte. 30., aktualisierte Auflage Freiburg – Würzburg 1986.

Voltaire: Über den König von Preußen. Memoiren. Herausgegeben und übersetzt von Anneliese Botond. 5. Auflage Frankfurt a. M. 1994. (1. Auflage 1967).

Wilderotter, Hans, und Pohl, Klaus-D. (Hrsg. im Auftrage des Deutschen Historischen Museums): Der letzte Kaiser Wilhelm II. im Exil. Gütersloh – München 1991.

Wörner, Friedrich J.: Burgen und Schlösser der Hohenzollern. Geschichte und Baukultur einer Dynastie. Lizenzausgabe Wiesbaden o. J. Titel der Originalausgabe: Burgen, Schlösser und Bauwerke der Hohenzollern in 900 Jahren. Solingen 1981.

Danksagung

An dieser Stelle möchten wir allen danken, die uns bei unserer Arbeit zu diesem Buch unterstützt haben.

Ohne die freundliche Unterstützung der früheren Burgverwalterin, Rosalinde Gers, und des jetzigen Burgverwalters, Joachim Alisch, wäre dieses Buch niemals verwirklicht worden.

Fast alle Kolleginnen und Kollegen von der Burg Hohenzollern waren uns bei unserer Arbeit behilflich. Allen voran Tobias Schlenker, der mit fundiertem Fachwissen und feinem Sprachgefühl den Text Korrektur gelesen, beim Überprüfen von historischen Daten und Zusammenhängen, zuweilen auch im alltäglichen Kleinkrieg mit dem PC geholfen hat.

Unser Dank gilt auch der Betriebsassistentin, Katja Dehner, sowie den beiden Schlossmeistern, Herbert Rösch und Eugen Binanzer, die einige Mittagspausen für uns geopfert haben.

Eine unschätzbare Hilfe war Michael Preyer, der es immer wieder auf sich nahm, die schwere Kameraausrüstung zum Zeller Horn zu schleppen.

Meine Kollegin, Judith Rapp, von Schloss Lichtenstein ist Diplomgeologin und hat mir alle meine Fragen bezüglich der Geologie geduldig beantwortet.

Wir bedanken uns ferner bei Herrn Kempf von der Fürstlichen Hofkammer in Sigmaringen, der uns freundlicherweise historische Fotografien zur Verfügung gestellt hat.

Last not least gilt unser Dank Ermo Lehari und Dietmar Banaski sowie allen Mitarbeitern des Verlagshauses Oertel + Spörer.

Preface

Walls, towers, battlements and bastions... driving along the B27 between Tübingen and Balingen to the castle of Hohenzollern, one could be forgiven in imagining the castle ahead to be that of a Knight from the Middle Ages, complete with keep, torture chamber and dungeons.

This is exactly the illusion that the owner-builder, King Friedrich Wilhelm IV of Prussia wanted to create. He wanted to conjure up the image of a romantic castle from the Middle Ages, as envisaged by his contemporaries in the 19th century, at a time when in London the first underground railway line was being built.

At a time when industrialisation was making enormous progress, the aristocracy revived an idealised past. Medieval games were staged and castles were reconstructed "in the true style of old German Knights' castles" (King Ludwig II of Bavaria).

Today's Hohenzollern Castle was built on the remains of the old family residence. In so doing, Friedrich Wilhelm IV of Prussia wanted to highlight the castle's origin from the Prussian Kings of the noble family of Hohenzollern from long long ago.

I Brief summary of the history of the House of Hohenzollern

The first historic record of the House of Hohenzollern goes back as far as 1061. As far as we know the ancestral line begins with Count Friedrich I of Hohenzollern. His grandson, Count Friedrich III married the heiress to the Burgrave of Nuremberg around 1184. He later inherited the title in 1192 to become Burgrave Friedrich I of Nuremberg. After the death of their father, his sons Konrad and Friedrich devided the inheritance into the two lines of the House of Hohenzollern which still remain today. The eldest son became Burgrave Konrad I of Nuremberg and founded the Franconian-Brandenburg-Prussian line; the younger son inherited the Swabian ancestral castle and became the founder of the Swabian line.

The Swabian line, of which today's head is Prince Friedrich Wilhelm of Hohenzollern, has its seat in Sigmaringen. The two other Swabian lines of Hohenzollern-Haigerloch and Hohenzollern-Hechingen died out in 1634 and 1869 respectively.

In 1415 Burgrave Friedrich VI was awarded the titles of Elector and Archchamberlain of the Mark Brandenburg by the Roman Emperor Sigismund.

He was now the owner of a relatively small area, a mere fraction of the wider Prussian kingdom which Brandenburg would later become a part of. In 1618 the eastern part of the Dukedom of Prussia became part of Brandenburg.

On 18 January 1701 the Electoral Prince Friedrich III of Brandenburg crowned himself in Königsberg, Friedrich I, King in Prussia. The first two kings, Friedrich I and Friedrich Wilhelm I were known as "Kings in Prussia" because they just ruled the eastern part of the country. Frederick the Great named himself "King of Prussia" when the western part of the country passed to him in 1772. Precisely 170 years after his coronation in Königsberg, King Wilhelm I of Prussia became Emperor of Germany in Versailles.

By the time his grandson was in power, the German Empire and the Prussian Kingdom had come to an end. Wilhelm II was forced to abdicate his throne and fled into exile in the Netherlands, where he died in 1941.

II The history of the Castle

1 The First Castle

We know very little about the first castle. Probably built in the 11th century, it was much smaller than today's castle, with little living space.

In 1401 Count Friedrich XI of Zollern died. His two eldest sons, Friedrich XII and Eitel Friedrich I inherited an equal share in their father's property. It was their father's wish that they would also manage the property jointly, but this was not to be. The brothers were soon arguing amongst themselves.

Friedrich XII was a hot-heated daredevil. It didn't take him long to oust his brother, run up enormous debts and become a robber baron, fighting anyone and everyone. Eventually the Imperial Tribunal in Rottweil declared him an outlaw and in June 1422, eighteen free cities, together with Eitel Friedrich I and Countess Henriette of Württemberg laid siege to the castle for ten months. During the ten months that the siege lasted, the enemy line was not impenetrable. The besieged always managed to somehow smuggle supplies into the castle and bring news from the outside world. Count Friedrich sent letters to his friends, the Duke of Lothringen and the Margrave of Baden, begging for their support, but in vain. In May 1423 Friedrich surrendered the castle of the besiegers.

The castle was plundered and then destroyed.

2 The Second Castle

In 1454 Count Jos Niklas laid the foundation stone for the second castle. In the years following a castle was built in the shape of a horseshoe, comprising of a dwelling house, a chapel and three towers. Apart of St Micheal's Chapel, which was consecrated in 1461, was integrated into the reconstruction which took place in the 19th century and still exists today.

The building of castles in easily defendable locations was very popular at one stage because they offered protection from hostile attacks, even though they were far from comfortable. The castle rooms were typically small, dark and cold. Therefore around the beginning of the 16th century, many of the nobility moved down to the valleys where they built castles with large bright halls, set in large grounds. The inhabitants of Hohenzollern followed suit and Count Eitel Friedrich IV set up residence in Hechingen.

However the castle continued to be used as a place of refuge in wartime by the Hohenzollern family. In 1634 the castle was conquered when the Württemberg forces laid it to siege for nine months and starved out its garrison.

In 1667 the Austrians obtained access rights to the castle and stationed a garrison there. In return they paid for the upkeep of the castle, which Prince Philip of Hohenzollern-Hechingen had problems meeting on his own.

After 1771, when the Austrians finally left the castle, it fell into decay. In 1819 the Prussian Crown Prince and later King Friedrich Wilhelm IV paid the castle a visit and decided to rebuild it a third time.

3 The Third Castle

In the 17th century Friedrich Wilhelm of Brandenburg, known as the Great Elector, tried to prove the lineage of the Electors of Brandenburg from the Swabian Counts of Zollern, but he could not find any documentary evidence.

In the 19th century, the origin of the House of Prussia was still an issue, but a Silesian, Rudolph of Stillfried was the first one who was able to find documents to support the claim. Working at the Prussian Court he is believed to have begun working on the history of the House of Hohenzollern around 1830. He declared Hohenzollern Castle as the ancestral seat of the family and the Counts of Zollern, ancestors of the Royal House of Prussia.

Rudolph of Stillfried wanted the King to rebuild the castle and he drew up plans accordingly. However Friedrich Wilhelm III and his ministers could not be won over and the reconstruction did not take place for some years.

In 1840 Friedrich Wilhelm III died and the Crown Prince became King Friedrich Wilhelm IV of Prussia.

In 1846 King Friedrich Wilhelm and the Princes of Hohenzollern-Hechingen and Hohenzollern-Sigmaringen respectively, agreed to rebuild the castle together and share the costs.

Rudolph of Stillfried, engaged by the King to carry out the reconstruction, tried to save parts of the old 15th century castle by connecting them to the new gothic style building of the 19th century. However he was only able to save St Micheal's Chapel and parts of the cellar.

Blick vom Wasserturm auf die Burg.

View from the Castle's water-tower…

Vue de la tour à eau sur le château.

During the revolution of 1848, the reconstruction of the castle was put on the back burner. The revolution spread throughout most of the German states. Even the small principalities of Hechingen and Sigmaringen did not remain unaffected.

At the end of the revolution most of the German kings, dukes and princes had kept their thrones, except the Princes of Hechingen and Sigmaringen. They had grown tired of rule and handed their small principalities over the King of Prussia.

On 7 December 1849 the principalities of Hohenzollern-Hechingen and Hohenzollern-Sigmaringen offically became part of the Kingdom of Prussia.

"Thus the former Swabian Castle became the predominantly Prussian Castle of Hohenzollern."[1]

Once the reconstruction got underway again, the architect of fortifications, Moritz of Prittwitz and Gaffron drew up plans for the driveway, which was to become a masterpiece of military architecture of the 19th century. It was no easy task to construct a driveway which was restricted to a narrow area of 55 × 40 metres, with a maximum height of 25 metres.

In September 1850 around 350 builders began work on the military houses. Six years later, although the reconstruction of the castle was still not finished, the first troops moved in. In 1853 they finally began work on the castle building itself.

To thirds of the cost of reconstruction were borne by the Prussians, whilst the other third was settled by the House of Hohenzollern. Indeed, even today, to thirds of the castle is owned by the former Royal House of Prussia and Imperial House of Germany, the other third belonging to the House of Hohenzollern-Sigmaringen.

On 3 October 1867 the former inauguration ceremony took place in the presence of King Wilhelm I. The third castle was built as a family memorial, not as a residence.

As a result of the Second World War, the former Royal House of Prussia and Imperial House of Germany lost nearly all their land and castles. Only Hohenzollern Castle and less than 1 % of their land remained.

In the spring of 1945, Crown Prince Wilhelm of Prussia was arrested in Austria by French troops, but was granted a choice of residence anywhere within the French occupied zone. Thus it was that he took up residence at the Castle of Hohenzollern in the autumn of 1945 and later moved to Hechingen, where he died in 1951. Although his son, Louis Ferdinand, Prince of Prussia, moved to Bremen, he still visited Hohenzollern Castle often until his death in 1994.

Footnote

1 Herbert Gers: Burg Hohenzollern

III The inner rooms

1 The Ancestral Hall

The entrance Hall was the castle's advertisement so to speak; it gave the visitor his first impression of the castle and highlighted the greatness and importance of its inhabitants. For this reason entrance halls used to be magnificently furnished with great attention to detail, particularly in the old palaces of England and Italy. Such historical splendour was mirrored in the construction of the entrance hall at Hohenzollern Castle. The room, to storeys high was as impressive to the guests as the paintings of the family's ancestors on the walls.

The ancestry of the Hohenzollern family can be seen on the northern and western walls of the hall, where the names and dates of the Swabian line are recorded with red circles, whilst those of the Franconian-Brandenburg-Prussian line are recorded with blue circles. The blue line follows the development of the Electors of Brandenburg to Prussian Kings and German Emperors. The final blue circle shows Prince Georg Friedrich, the current head of the House of Prussia. The current head of the Swabian line, Prince Friedrich Wilhelm of Hohenzollern, can be seen at the end of the red line.

Right arround the room, just under the ceiling, one can see 44 coats of arms which represent the territories formerly ruled over by the House of Hohenzollern.

Next to the door leading into the Count's Hall there is a painting of Kaiser Wilhelm II in civilian clothes. This most unusual portrait (one would usually expect the Kaiser to be portrayed in military attire!) was painted by the Hungarian, Phillip Alexius László (1869–1937).

2 The Count's Hall

The Count's Hall is in fact the castles's banqueting hall, which is still used today for family banquets. This hall is also two storeys high. The pillars are made out of Nassau marble, and because of their position four niches are apparent in the hall. Each niche is furnished with an oak table and five oak chairs with red velvet.

The floor is laid with light and dark brown Solnhof tiles, between which are black and white decorations (the colours of the House of Hohenzollern) made of Italian marble. The six chandeliers hanging from the ceiling are made of bronze and plated with gold.

To the left hand side of the door to the entrance hall, one walks up two steps to the Emperor's Hall, which is situated directly under the tower known as the Emperor's Tower.

At the other end of the Count's Hall, right next to the entrance to the library, the Bishop's Niche is to be found. Named after the tower immediately above it, the Bishop's Tower is the tallest one in the castle, at a height of 73 metres.

3 The Library

Adjoining the Count's Hall is the Library, a small and narrow gallery. The hand carved oak cupboards about 1.4 metres high, used to be filled with the plans for the third castle. The paintings on the walls by Wilhelm Peters depict events in the history of the first two castles, as well as legends of the family history.

4 The Margrave's Room

Directly above the Margrave's room stands the Margrave's Tower. The room has ten corners. Just under the ceiling there are paintings of heralds bearing the coats of arms of Prussian provinces.

The Margrave's room used to be the drawing room of the King. After the Second World War, Crown Prince Wilhelm of Prussia lived at the Hohenzollern Castle and used this room as his study.

In the middle of the desk one can see the visitor's book with some photographs of the family around it. The one on the left hand side of the table shows the Imperial Family in 1913, photographed in Potsdam.

The painting above the door into the King's bedroom depicts Elector Friedrich Wilhelm of Brandenburg. The second painting in the Margrave's room is of his grandson, King Friedrich Wilhelm I, in Prussia in his coronation robes.

5 The King's Bedroom

The King's bedroom is a very small room with just one window and one fireplace. It was also used by the last Crown Prince, just after the Second World War. There is a large painting of him in the room, when he was 21 years old.

6 Picture Galleries

The next three rooms – the King's dressing room and the Queen's bedroom and dressing room – have all been transformed into picture galleries.

In the King's former dressing room there is a part of the Edwin von Campe collection of engravings, all showing Frederick the Great.

Neither the King nor the Queen's dressing rooms contain furniture anymore.

Next to a green tiled stove and a statue of King Friedrich Wilhelm IV of Prussia, one finds paintings depicting Berlin in the 18th and 19th centuries. One of the paintings shows the old Royal residence in Berlin, a huge castle which was damaged during the Second World War and later destroyed by the East German government in 1950.

The Queen's former bedroom houses a small collection of family portraits, the majority of which were painted by Antoine Pesne (1683–1757). The largest one in the silver frame shows Frederick the Great as Crown Prince.

7 The Queen's Drawing Room

The Queen's room was devided into a main room and two bays. The medaillons on the ceiling depict portraits of the ancestresses of the House of Hohenzollern. The floor is made up of five different types of wood: maple, oak, walnut, cherry and mahogany. The walls are painted gold.

The furnishings are original, consisting of a bureau, three wooden tables, two sofas and several chairs with blue cushions. Thus the Queen's room is also known as the Blue Drawing Room.

Above the bureau hangs a painting of the last German Empress and first consort of Wilhelm II, Auguste Victoria, who died in 1921 in exile in the Netherlands. The painting opposite shows Wilhelm I.

The large painting opposite the fireplace, painted by Anton von Werner (1843–1915) depicts a scene from the Franco-Prussian War of 1870/71. It shows the Prussian Crown Prince Friedrich, later Kaiser Friedrich III, with his staff around the bier of his enemy, the French General Douay, to whom he is paying the last respects.

The French were defeated in the war of 1870/71 and the German princes proclaimed Wilhelm I German Emperor on 18 January 1871 at Versailles. Wilhelm lived until he was over 90 years old. His son and successor, Friedrich III suffered from cancer of the larynx. He died just 99 days after his accession to the throne. Thus he was known as the 99 Day Emperor, and the year 1888 was known as the year of the three emperors.

The painting to the left of the mirror is also of Friedrich III. He was married to Victoria, the eldest daughter of the famous Queen Victoria of England. There is a painting of her next to the northern bay.

8 The Reception Halls

Adjoining the Blue Drawing Room are the reception halls containing more portraits of the family, including another one of László's showing the Empress Auguste Victoria and a portrait of Augusta, the wife of Wilhelm I.

There is also a particularly impressive painting of Friedrich III just before his death. The cancer of the larynx had rendered him unable to speak and he therefore communicated with his people in writing. He is therefore to be seen on the painting with papers and a pen.

9 The Treasury

On Prince Louis Ferdinand's orders in 1952, the treasury was established in the former castle kitchens, right underneath the Count's Hall.

In 1953 the treasury was broken into and medals, bracelets, silver cutlery and diamond snuff boxes belonging to Frederick the Great were stolen.

Frederick the Great loved to collect snuff boxes, one of the most famous of which can be seen in the treasury today. It is famous because it saved the King's life in the Battle of Kunersdorf during the Seven Year War. The King kept the snuff box in the inside pocket of his uniform where it took the force of a bullet which would otherwise have killed him.

The thief, unable to sell the six stolen snuff boxes in their original form, dislodged the diamonds. He was later caught by the police and a jeweller managed to piece together three of the boxes according to their original design.

The treasury also houses a collection of medals, most of which were awarded to Wilhelm I.

During the 18th century, music-making at court was a favourite amusement of the aristocracy. Frederick the Great was a particularly talented musician whose favourite instrument was the flute. Two of his flutes, one ebony and one ivory, can be seen in the treasury today, both originating from around 1750.

The Royal Crown of Prussia, currently located in the treasury's safe, was never used in a coronation. It is simply a symbol of royal power. Wilhelm II commissioned it one year after he became King and Emperor. The crown is made from gold, inlaid with diamonds, pearls a sapphire and brilliants.

There are also two solid silver candlesticks on display in the treasury, which belonged to Friedrich Wilhelm I. A further display case contains a silver dinner service belonging to Frederick the Great, a fine example of Berlin silver from the middle 18th century.

10 St Michael's Chapel

Access to the Catholic Chapel is through the courtyard, but leads first of all to the antechamber.

The nave and the choir date back to the 15th century and were originally part of the second castle, built in the late gothic style. Inside it is difficult to distinguish old from new, but from the outside one can see the difference in the masonry.

The stained glass windows are among the oldest and most beautiful in south west Germany. They date from the late 13th century and were once found in a monastery in Stetten, near Hechingen. They portray scenes from The Bible.

The late gothic limewood sculpture in the bay shows St George killing the dragon and is the work of a Swiss artist at the beginning of the 15th century.

The marble plaque in the antechamber is commemorated to Queen Stephanie of Portugal, a princess from the House of Hohenzollern-Sigmaringen, who was married to King Pedro V, but died at the age of 22. It also commemorates her brother, Prince Anton, who was killed in the Battle of Königgrätz in 1866 at the age of 25.

11 The Chapel of Christ

The sarcophagi of King Friedrich Wilhelm I and Frederick the Great laid in this protestant chapel between 1952 and 1991. They were originally housed in the garrison church of Potsdam, but were moved in 1943 due to the events of the war in Berlin. In 1945 both sarcophagi were taken to a salt mine in Bernterode in Thuringia. The Americans, who occupied Thuringia first, discovered them and took them to Marburg in the American occupied zone. In 1952 the coffins were taken to Hohenzollern Castle. After German reunification in 1990, they were finally returned to Potsdam in 1991.

The paintings on the walls and the ceiling, as well as the stained glass windows, are attributed to Wilhelm Peters.

In the niche on the back wall there is a madonna which was a christening present from the last Russian Tsar Nikolaus II to his distant relative, Princess Kira, who was to become the wife of Prince Louis Ferdinand. The madonna was painted in Italy in about 1818 by Feodor Bruni.

Underneath the Chapel of Christ lies the Russian Orthodox Chapel of the Resurrection, dedicated to the late Princess Kira. It is not open to the public.

Avant-propos

Murs, tourelles, créneaux, avant-gardes. Ceux qui s'approchent sur la route nationale No. 27 entre Tübingen et Balingen, découvrent le château de Hohenzollern, croient voir un château du moyen âge avec donjons, chambres de tortures et ses oubliettes. Justement cette illusion voulait donner le propriétaire, le roi de Prusse Frédéric Guillaume IV. Il voulait un château romantique comme on le voyait dans le 19^{em} siècle. Pendant ce temps, la France et l'Angleterre creusaient le canal de Suez, ainsi que l'industrie faisait d'énormes progrès. Pendant cela, la noblesse réveillait les idéales du passé. Leurs passions étaient les jeux de chevallier dans le même style du temps de Louis IV. Le château d'aujourd'hui et reconstruit sur les fondaments du château familiale. Le roi Frédéric Guillaume IV voulait démontrer d'où venait les racines prussiennes.

I Un petit aperçus sur l'histoire de la maison Hohenzollern

Les Hohenzollerois était documentés pour la première fois en 1061. La ligne assurée commence par le comte Frédéric I de Zollern. Son petit fils Frédéric III réussit par mariage en 1192 comme successeur de son beau père, investit le droit de Burgrave de Nuremberg. Après la division de l'héritage ses fils ont fondés les deux lignes principales de la maison Hohenzollern. Son fils ainé a fondé la ligne Franconienne-Brandebourgeoise-Prussienne. Son second a fondé la ligne souabe ou dite ligne de Sigmaringen (petite ville qui était quelques jours la capital de la France pendant la 2^{ém}guerre mondiale). La ligne souabe dont le chef se nomme prince Frédéric Guillaume de Hohenzollern, son siège est à Sigmaringen. Les lignes Hohenzollern-Haigerloch et Hohenzollern-Hechingen se sont éteintes en 1634 et 1869. Le burgrave Frédéric de Nuremberg était élut Electeur puis Margrave de Brandebourg par l'empereur Sigismund en 1415. Il avait relativement un petit territoire qui était plus tard le royaume Prussien. En 1618 il a obtenu le ducher de Prussien de Brandebourg. Le 18 janvier 1701 l'Electeur se couronne à Königsberg et devient roi Frédéric I en Prusse. Les deux premiers Rois peuvent se nommer que en Prusse car l'est ne leurs apartenaient pas. Apartir de Frédéric «le Grand» il pouvait se nommer Roi de Prusse, après qu'il aie reçus en 1772 aussi l'ouest. Exactement 170 ans plus tard était couronné un deuxième Prussien en 1871 à Versailles comme empereur d'Allemagne et roi de Prusse Guillaume I.

II L'histoire du château

1 Le premier château

Sur ce château nous savons très peut. On suppose qu'il était construit dans le 11^{em} siècle et qu'il était plus petit en comparaison a celui d'aujourd'hui. Il avait peu de chambres pour y vivre. En 1401 décéde le comte Frédéric XI de Zollern. Ses deux fils ainés Frédéric XII et Eitel Frédéric I héritent ensembles. D'après la dernière volonté de leur père ils devaient gérer ensemble leur territoire. Cela n'a pas été longtemps, la différence entre les deux devient si grande que la séparation ce fait plus attendre. Frédéric XII était un fongueur et risque-tout. Bientôt il a expulsé son frère, les dettes sont devenuent énormes, il devient chevalier pilliard et se dispute avec tout le monde. A la fin le tribunal impérial a signé un décet dans la ville de Rottweil. 18 villes, ainsi que son frère Eitel Frédéric I et la comtesse Henriette de Wurttemberg se sont réunis pour assièger le château Hohenzollern a partir de juin 1422, pendant dix mois d'assiègement. Il y a toujours eu la possibilité d'apporter de la nouriture. L'assiègé a écrit à ses amis le Duc de Lorraine et le Margrave de Baden, leur prie de l'aider, envain. Pour cette raison, en mai 1423 les survivants se sont rendus. Le château était en premier dévalisé et après complétement brûlé.

2 Le deuxième château

En 1454 le comte Jos Nikolas pose la première pierre pour le deuxième château, pendant les années suivantes ont le construit en forme de fer à cheval. Il y avait essentiellement une habitation, une chapelle et trois tours principales. La partie de la chapelle Saint Michel bénie en 1461 existe encore aujourd'hui. Elle a été intégrée à la reconstrution du troisième château. Les châteaux de défences étaient géographiquement bien placés voir le Hohenzollern mais ils étaient très inconfortables, les chambres étaient petites, sombres et très difficiles a chauffer. Au début du 16^{em} siècle la noblesse change de vie et vont habiter dans les vallées pour pouvoir construire des châteaux plus confortables et pus grands, avec des grandes salles et des splandites jardins. La famille de Hohenzollern change de domicile et va vivre cent pour cent à Hechingen en l'an 1576 quand le comte Eitel Frédéric IV devient le chef de la famille. Le château principale sert que rarement comme domicile mais reste comme propriété familiale. Il reste le refuge en cas d'attaque des ennemis. En été 1633 les Wurttembergeois commencent à assiéger les Hohenzollerois au printemps 1634 après avoir affamé les habitants du château, les Wurttembergeois ont pris le château. Quand le château est redevenut en possétion des Hohenzollerois, il tombe en décadence. Le comte Philipe n'a pas les moins nécessaires pour retapper le château. Pour cette raison en 1667 il signe un contrat d'ouverture avec l'Autriche et a partir de la à côté des Hohenzollerois il y avait une troupe Autrichienne stationée au château. A cette occasion ils payaient des obligations d'entretient qui aidait à rénover au moins le nécessaire. L'argent malheureusement ne suffit pas pour tout. Au début du 18^{em} siècle une partie des murs se sont écroulés, la fontaine et les cheminées endommagées. Apartir de 1771 après le départ Autrichiens le château était comdané pour s'écrouler. En

1819 le prince héritier, était futur roi Frédéric Guillaume IV de Prusse a décidé de reconstruire le château de ses ancêtres.

3 Le troisième château

Dans le 17^{em} siècle, Frédéric Guillaume le Grand Electeur de Brandebourg a essayer de reconstruire son arbre généalogique. Il voulait prouver ses origines, mais il lui manquait des documents. Il a fallut attendre le 19^{em} siècle. On connaissaient encore les origines souabes, mais c'est le chevalier Rudolph de Stillfried qui le prouve. Par la longueur du temps et depuis qu'il avait rencontrer le Dauphin il avait plus de possibilité de passer d'un ministère à l'autre. On suppose qu'il a commencé en 1830 à faire les recherches pour l'histoire de la famille. Quoi que R. de Stillfried a tout fait pour faire reconstruire ce château. Le Roi et ses ministres étaient contres ce projet et pendant quelques années rien ne ce passer. En 1840 le roi Frédéric Guillaume III est décédé. Le Dauphin Frédéric Guillaume IV de Prusse prend la relève. Apartir de 1843–44 négocient le Roi et R. de Stillfried avec la ligne souabe pour reconstruire le château familiale. Même si les finances ne sont pas assurées ils ont signés un contrat avec les lignes Hohenzollern-Hechingen et Hohenzollern-Sigmaringen. Pour la reconstruction, le Roi charge R. de Stillfried. Il a gardé la partie gothique de l'église du 15^{em} siècle et prend le style néogothique du 19^{em} siècle. Il a essayé d'employer les restes du deuxième château il ne pouvais employer que les caves et les fondaments. Apart l'église saint Michel le château était une ruine. En 1848 dit « la révolution de mars » à naturellement prit intérêt du Roi la révolution était dans tous les états allemands, les Princes de Hechingen et Sigmaringen n'était pas épargnés. Le 11 mars 1848 il y a eu une démonstration des paysans à Hechingen et en septembre le prince Karl de Sigmaringen a du fuir. Il démissionne pour son fils. Bien après avec une contre-révolution les Comtes ont gagniés mais fatigués du pouvoir, ils donnent leurs souverénité à la Prusse dans un contrat officiel et a partir de 1850 les Hohenzollerns sont devenus Prussien. Avec ce pas, change le rapport de possession et la vielle résidence familiale devient deux tier prussien et un tier souabe. L'entrepreneur de forteresse Moritz de Prittwitz et Gaffron a reçus la charge de prendre la construction de la bastion, de l'entrée entre la tour nommée « de l'aigle » et la cour du château. C'était très compliqué car il n'avait que 55 × 40 mètres de place et en même temps il devait surmonter 25 métres de hauteur. Cette construction de M. de Prittwitz est un chef-d'œuvre du 19^{em} siècle. En septembre 1850 ils ont commencés avec les bâtiments militaires à peu prêt 350 travailleurs étaient sur le chantier et six ans plustard pendant que l'ont reconstruit le château arrivait la première troupe. En 1853 après que la forteresse était terminée, ils ont commencés avec le château principal. Trois ans plus tard le grand œuvre était finis. Les frais de construction était portés deux tier par la caisse royale de la coure Prussienne et un tier par la caisse du principauté Hohenzollern. Sur ce partage des finances de jadis ce base la possession d'aujourd'hui. Le 3 octobre 1867 était la grande inauguration par le roi Guillaume I de Prusse. Au contraire des deux premiers châteaux celui d'aujourd'hui n'a jamais été habité constament. En conséquence de la deuxième guerre mondiale, la famille prussienne a tout perdus de ses possessions de l'est, de ses biens ruraux il lui est resté qu'un pour cent. Le prince héritié Guillaume de Prusse était arrêté au printemps 1945 en Autriche par les troupes françaises. Il a reçus l'ordre de choisir son domicile dans la zone d'occupation française. En premier il a choisis le château jusque an automne après il a été vivre à Hechingen jusqu'à sa mort en 1951. Quoi que son fils le prince Louis Ferdinand est devenus le chef de la maison royal prusse du gouvernement jadis, il est resté à Brême dans sa propriété Wummehof. Il y venait très souvent dans la propriété familiale.

III L'interrieur

1 Hall de l'arbre généalogique

Le hall c'était pour ainsi dire l'enseigne du château. Il donne tout de suite la valeure et la grandeur de la famille. Pour cela que les idées ont été cherchées dans les palais d'Angleterre et Italie pour donner une note majestueusement particulière. Pour la réalisation de l'entrée du château, on a suit des modèles historiques. La hauteur de la capacité de deux étages impressionne sûrement les visiteurs ainsi que l'arbre généalogique opportune. Contre les murs du sud et l'ouest est opportuné l'arbre généalogique quoi que les noms et dates des cercles rouges sont pour la famille souabe et dans les cercles bleu foncé les noms et dates pour la famille franconienne – brandebourgeoise – prussienne. On peu suivre la ligne bleue et voir sont dévelopement : du Grand Electeur de Brandebourg par les Rois Prussiens jusqu'au dernier Empereur de l'Allemagne. Dans la troisième partie l'on voit le nom du chef actuel le prince George Frédéric, le successeur de son grand-pére décédé en 1994. La ligne rouge fini dans la quatrième partie le l'ont voit le nom du chef actuel le comte Frédéric Guillaume de Hohenzollern de la ligne souabe. Au dessous du plafond l'on voit tout au tour les 44 armoiries des territoires acquisitionnés des Hohenzollerns. A côté de la porte qui donne sur la salle des comtes, vous voyez le portrait du dernier empereur Guillaume II vut par le peintre hongrois Philipp Alexius László (1869-1937) ce tableau est extraordinaire car nous voyons l'Empereur pas en uniforme militaire comme la plus par du temps.

2 La salle des comtes

La salle des comtes est la salle de fête du château. Jusqu'à aujourd'hui la famille se sert de cette chambre. Comme le hall, la salle des comtes comprend deux étages, les colognes sont en marbre de Nassauer (Allemagne). Par l'emplacement libre des colognes cela donne de chaques côtés 4 niches. Dans chaques niches une table et 5 chaises taillées mains dans du chêne et chaques dosiers de chaises il y a un aigle royale tissé mains. Le sol se compose de dalles brunnes claires et foncées de Solnhofen. Les ornaments entre les dalles sont noires et blanches (couleures des Hohenzollern) sont en marbre Italien de Carrara. Les 6 lustres de la salle sont en bronze doré. A gauche a côté de la porte en direction du hall il y a deux marches qui vous ménent dans une petite salle à dix coins nommée « salle des empereurs » : Au dessus s'élève la tour de l'empereur. De l'autre côté il y a la porte qui donne dans la bibliothèque à son côté la niche nommée « niche de l'évêque » au dessus s'élève la plus grande tour du château, elle se nomme « la tour de l'évêque », elle a 73 mètres de hauteur.

3 La bibliothèque

De la salle des comtes suit la bibliothèque. Cette pièce est petite et étroite. Dans les armoires d'anvirons 1,40 m de haut, il y avait spécialement des documents qui a des rapports avec la construction du troisième château.

4 La chambre Margrave

Au dessus de cette pièce s'élève la troisième tour importante du château. Cette pièce a dix coins. Sur une fine pièce de bois sont placées des ménagés qui portent les armoiries de chaque provinces prussienne. Au début elle était le salon du roi. Après la deuxième guerre mondiale le prince héritié Guillaume de Prusse employe cette chambre comme bureau. Au milieu du secrétaire est dépossé le livre d'or et a ses côtés les fotos familiales. Le tableau de peinture au dessus de la porte de la chambre à coucher représente le grand électeur de Brandebourg en face sont petit fils le roi Frédéric Guillaume I en Prusse avec sa robe du couronnement.

5 La chambre à coucher du roi

La chambre à coucher est une petite pièce avec une fenêtre, une chemiée. Vous voyez aussi un tableau à l'huille qui représente le Prince héritier à l'âge de 21 ans à cheval.

6 Galeries de tableaux

Les trois prochaines chambres: le cabinet du Roi, le cabinet de la Reine et la chambre à coucher de la Reine. Dans la première, ce trouve une partie de la collection de Edwin-von-Campe. Dans la deuxième, ce trouve un poêle de faïence et une statue de Frédéric Guillaume IV de Prusse, l'on voit aussi sept tableau qui représentes Berlin entre le 18 et 19^{em} siècle. Dans la dernière chambre l'on voit une collection de portraits familiale la plus par de Antoine Pesne (1683–1757). Le tableau dans le cadre argenté représent Frédéric le Grand comme Dauphin.

7 Le salon de la Reine

Le salon de la Reine, son architecture est d'une chambre principale et de deux en saillies, les médaillons dans les plafondfrieses représentes les portraits aïeules féminines de Hohenzollern. Pour le sol: cinq bois étaient utilisés il s'âgit de l'érable, le chêne, le noyer, le cerisier et l'acajou. Pour le mobillier vous voyez les meubles d'origine ils se composent d'un secrétaire de trois tables de bois, deux canapés et plusieurs fauteuils. Le capitonnage est tenu en bleu voilà la raison pour le petit nom « salon bleu ». Au dessus du secrétaire se trouve le portrait de la dernière empératrice allemande Auguste Viktoria et la première épouse de Guillaume II, elle est décédée en 1921 en exile hollandais. En face vous voyez Guillaume I. En face de la cheminée vous voyez un tableau d'Anton von Werner (1843–1915) il montre une scène pendant la guerre Franco-Allemande de 1870/71, au centre de l'image l'ont voit le Dauphin devenu plus tard l'empereur Frédéric III, à côté de lui s'apuie le docteur militaire à une table et derrière lui des officiés Prussiens de haute classe. A droite vous voyez le corps du général français Douay sur une civière. Frédéric rend au témèraire défunt ces derniers hommeurs. La France a perdu la guerre de 1870/71 et les Princes Allemands ont appellé le roi Guillaume I dans la salle des miroires de versaille le 18 janvier 1871 et l'ont proclamé Empereur Allemand. Guillaume I a atteint l'âge de 91 ans. Son fils Frédéric III son successeur avait le cancer de la gorge, il décéde 99 jours plus tard, vous le voyez à gauche du miroire au dessus de la cheminée. Il était mariée avec la fille ainée de la reine Victoria d'Angleterre son tableau est placé à droite de la pièce en saillie du côté nord.

8 Hall d'accueil de la Reine suivit des domestique

Direct après le salon un arrivons dans le hall d'accueil de la Reine dans ces corridors il y a encore des portraits de la famille. Dans le hall des domestiques vous voyez un portrait de Frédéric III fait just avant sa mort. A cause de sont cancer il n'a pas put parler pour cette raison qu'il devait tout écrire pour se faire comprendre de son allentour, la raison pour la qu'elle ont le voit ici avec plume et papier.

9 Salle des trésors

L'ancienne cuisine du château au dessous de la salle des comtes a donner lieu par le prince Louis Ferdinand an un salle des trésors en 1952. En 1953 il y a eu un cambriolage à côté des ordres, bracellets et argenterie, il a vollé aussi six tabatières très précieuses de Frédéric le Grand. Ce dernier était un collectionneur passioné de tabatières. Une des plus importante est dans le château de Hohenzollern. L'histoire historique est arrivée le 12 août 1759 pendant un combat entre les troupes prussiennes et les troupes russes-autrichiennes. Les Prusses ont subit une grande déféte près de Kunersdorf. Dans l'histoire ce combat était le plus terrible et meurtrier pendant la guerre des sept ans. Présque le Roi aurait été tué, s'il n'aurait pas porté dans sa poche intérieure une tabatière. La tabatière a retenue la balle. Le cambrioleur ne trouvait pas de recicleur pour les six tabatières. Avec un fer à souder il a fondus l'or et détacher les pierres précieuses. Après son arrestation ils ont trouvés les piéces détruites des tabatières. Un bijoutier a reconstruit trois des six. Ici vous découvrez aussi plusieurs vitrines avec des ordres, la plus par était remis a l'empereur Guillaume II. Dans les cours du 18 em siècle la musique étaient leurs distration. Le plus talenté de la noblesse était Frédéric le Grand son instrument préféré était la flutte traversière, trois de ces fluttes sont dans la salle. Les deux fluttes en bois d'ébéne ont été faites en 1750 et la troisième en ivoire a été aussi faite en 1750. La couronne prussienne qui se trouve dans le trésor n'a jamais été amployée pour un couronnement, c'est un simbole du pouvoir Royale, l'empereur Guillaume II la faite faire en 1889 une année aprés son couronnement. La couronne est en or garni de perles, diamants, brillants et un saphir. Vous pouvez aussi voir dans cette salle deux lustres de table splandites du roi Frédéric Guillaume I. L'argenterie de Frédéric le Grand est placé dans une vitrine a été fabriquée en 1750.

10 La chapelle du Saint Michel

Dans la chapelle catholique nous y parvenont par la cour du château nous arrivont dans une anti – chambre du 19ém siècle. Du nef central au cœur c'est du 15em siècle ils sont de l'art gothique. La chapelle a été reconstruite de manière que nous voyons pas de différence mais si l'ont observe de extérieur on découvre la différence des murs. Dans la chapelle nous avons les vitraux les plus vieux et les plus beaux du sud-ouest de l'Allemagne. Il viennent d'un couvent dominicain à Stetten près de Hechingen. Ils ont été placés à partir du 19ém siècle dans la partie du 13ém siècle, elles représentes des scènes bibliques. La sculptur dans le saillie montre une statue du Saint George est à cheval avec une armure et il tue le dragon avec sa lance. Une plaque de marbre est en souvenir pour les deux enfants du prince Karl Anton, son fils est décédé a l'âge de 25 ans dans le combat a hradec-kralove en Théque en 1866 et sa fille est décédée en 1859 a l'âge de 22 ans on supose de la peste, elle était mariée avec le roi Pêtro V de Portugal.

11 La chapelle du Christ

Dans la chapelle protestante se trouvaient de 1952 jusqu'an 1991 les deux cercueils de: Frédéric le Grand et sont père Frédéric Guillaume I. En premier ils étaient dans l'église de garnison à Potsdam en 1943 ils ont passés par une base aérienne ensuite dans une mine de potasse près Bernterode en Thuringen. Les Americains les ont découverts. Comme ils devaient fair place à l'armée rouge, ils les ont pris et placé en premier dans l'église Elisabeth de Marburg de 1946 jusqu'en 1952. Les murs et les plafon du nef viennent, la mageorité, de Guillaume Peters ainsi que les vitraux. Dans la niche au dessous du balcon l'on découvre un tableau qui n'ait pas d'origine du château. Il a été fait par le peintre russe Feodor Bruni en 1818 en Italie. C'était un cadeau du dernier Tsar pour le baptême de sa nièce la princesse Kira et était future épouse du prince Louis Ferdinand. Dans une ancienne remise au dessous de la chapelle du Christ il y a depuis 1967 la chapelle russe-orthodox. Elle a été bénie la chapelle de la résurrection. Cette chapelle n'est pas ouverte au publique.

Stammtafeln des Hauses Hohenzollern

Tafel I

Friedrich I. † um 1125

Friedrich II. † nach 1145

Friedrich III. (I.), Graf von Zollern, Burggraf vonNürnberg † um 1200

Friedrich IV. (II.), Graf von Zollern * um 1188 † 1251
Stammvater der schwäbischen Linie
siehe Tafel III

Konrad I. † 1261
Stammvater der fränk. (brandenb.-preuß.) Linie

Friedrich III. † 1297

Friedrich IV. * 1287 † 1332

Friedrich II. † 1357

Friedrich V. † 1398

Johann III.
* um 1369 † 1420

Friedrich VI. (I.), Burggraf von Nürnberg,
Kürfurst von Brandenburg * 1371 † 1440

Friedrich II., Kurfürst
* 1413 † 1471

Albrecht Achilles, Kurfürst
* 1414 † 1486

Johann Kurfürst * 1455 † 1499

Joachim I., Kurfürst * 1484 † 1535

Joachim II., Kurfürst * 1503 † 1571

Johann Georg, Kurfürst * 1525 † 1598

Joachim Friedrich, Kurfürst * 1546 † 1608

Johann Sigismund, Kurfürst * 1572 † 1619
∞ Anna von Preußen * 1576 † 1625

Georg Wilhelm, Kurfürst * 1595 † 1640
∞ Elisabeth Charlotte von der Pfalz * 1597 † 1660

Friedrich Wilhelm, der Große Kurfürst * 1620 † 1688
∞ Luise Henriette von Nassau-Oranien * 1627 † 1667

Friedrich III. (I.), Kurfürst von Brandenburg,
König in Preußen * 1657 † 1713
∞ (2. Ehe) Sophie Charlotte von Hannover
* 1668 † 1705

Friedrich V., der Ältere, Markgraf von Ansbach
und Kulmbach * 1460 † 1536

Kasimir, Markgraf von
Kulmbach * 1481 † 1527

Albrecht, Herzog von Preußen
* 1490 † 1568
Hochmeister des Dt. Ordens

Albrecht Friedrich, Herzog
in Preußen * 1553 † 1618

Anna von Preußen
* 1576 † 1625
∞ Johann Sigismund,
Kurfürst von Brandenburg

Fortsetzung siehe Tafel Ia

Tafel Ia

Friedrich Wilhelm I., König in Preußen * 1688 † 1740
∞ Sophie Dorothea von Hannover * 1687 † 1757

Friedrich II., der Große, König von Preußen * 1712 † 1861
∞ Elisabeth Christine von Braunschweig-Bevern * 1715 † 1797

August Wilhelm * 1722 † 1758
∞ Luise Amalie von Braunschweig-Wolfenbüttel * 1722 † 1780

Friedrich Wilhelm II., König von Preußen * 1744 † 1797
∞ Friederike Luise von Hessen-Darmstadt * 1751 † 1805

Friedrich Wilhelm III., König von Preußen * 1770 † 1840
∞ Luise zu Mecklenburg-Strelitz * 1776 † 1810

Friedrich Wilhelm IV., König von Preußen * 1795 † 1861
∞ Elisabeth von Bayern * 1801 † 1873

Wilhelm I., König von Preußen, Deutscher Kaiser * 1797 † 1888
∞ Augusta von Sachsen-Weimar * 1811 † 1890

Friedrich III., König von Preußen Deutscher Kaiser * 1831 † 1888
∞ Viktoria von Großbritannien * 1840 † 1901

Wilhelm II., König von Preußen, Deutscher Kaiser * 1859 † 1941
∞ Auguste Viktoria zu Schleswig-Holstein * 1858 † 1921

Wilhelm, Kronprinz * 1882 † 1951
∞ Cecilie zu Mecklenburg-Schwerin * 1886 † 1954

Louis Ferdinand * 1907 † 1994
∞ Kira Großfürstin von Rußland

Friedrich Wilhelm * 1939
∞ Ehrengard von Reden * 1943 (2. Ehe)

Michael * 1940
∞ Brigitte Dallwitz-Wegner * 1939 (2. Ehe)

Marie Cécile * 1942
∞ Friedrich August Herzog von Oldenburg * 1936 (gesch. 1989)

Kira * 1943
∞ Thomas Frank Liepsner (gesch. 1984)

Louis Ferdinand * 1944 † 1977
∞ Gräfin Donata zu Castell-Rüdenhausen * 1950

Georg Friedrich * 1976

Christian Sigismund * 1946
∞ Gräfin Nina zu Reventlow * 1954

Xenia * 1949 † 1992
∞ Per-Edvard Lithander (gesch. 1978)

Heinrich * 1726 † 1802
∞ Wilhelmine von Hesssen-Kassel * 1726 † 1808

Ferdinand * 1730 † 1813
∞ Luise von Brandenburg-Schwedt * 1837 † 1820

Louis Ferdinand * 1772 † 1806

Schwäbische Linie

- Friedrich IV. (II.) Graf von Zollern
* um 1188 † 1251
  - Friedrich V., der Erlauchte
† 1289
    - Friedrich VI.
† um 1298
      - Friedrich VII.
† um 1309
      - Friedrich VIII.
† 1333
        - Friedrich IX.
† 1379
          - Friedrich X.
† 1412
        - Friedrich, † um 1364/78
Chorherr zu Straßburg
          - Friedrich XI.
† 1401
            - Friedrich XII.
† 1443
            - Eitel Friedrich I.
† 1439
              - Jos Niklas I. † 1488
                - Eitel Friedrich II. † 1512
                  - Franz
† 1517
                    - Christof Friederich
† 1536
                  - Joachim
† 1538
                    - Jos Niklas II.
† 1558
                  - Eitel Friedrich III.
† 1525
                    - Karl I.
* 1516 † 1576

Tafel II a

- Karl I. * 1516 † 1576
  - Eitel Friedrich IV. * 1545 † 1605 HECHINGEN
    - Johann Georg * 1577 † 1623 Fürst 1623
      - Eitel Friedrich II. * 1601 † 1661
      - Philipp * 1616 † 1671
        - Friedrich Wilhelm *1663 † 1735
          - Friedrich Ludwig * 1688 † 1750
        - Hermann Friedrich *1665 † 1733
          - Josef Wilhelm * 1717 † 1789
          - Franz Xaver * 1719 † 1765
            - Hermann * 1748 † 1810
              - Friedrich * 1776 † 1838
                - Friedrich Wilhelm Konstantin * 1801 † 1869
  - Karl II. * 1547 † 1606 SIGMARINGEN
    - Johann * 1578 † 1638 Fürst 1623
      - Meinrad I. * 1605 † 1681
        - Maximilian I. * 1636 † 1689
          - Meinrad II. * 1673 † 1715
            - Josef * 1702 † 1769
              - Karl Friedrich * 1724 † 1785
                - Anton Alois * 1762 † 1831
                  - Karl * 1785 † 1853
                    - Karl Anton * 1811 † 1885
                      - Leopold * 1835 † 1905
                        - Wilhelm * 1864 † 1927
                          - Friedrich * 1891 † 1965
                            - Friedrich Wilhelm * 1924
                              - Karl Friedrich, Erbprinz *1952
                      - Karl (I.) * 1839 † 1914 RUMÄNIEN
  - Christof * 1552 † 1592 HAIGERLOCH
    - Johann Christof * 1586 † 1620
    - Karl * 1588 † 1634

Register

Personen

Orte

Abbildungs-Nachweis

Fotos:
Katharina Hild
Historische Aufnahmen:
Vorlage: Fürstlich Hohenzollernsche Sammlungen, Sigmaringen
Reproduktion:
Katharina Hild.

Übersetzungen

Englische Übersetzung:
Tobias Schlenker, Sharon Furbank.
Französische Übersetzung:
Danielle Scholz.